U0660316

团队打天下，
管理定全局

孙浩 著

沈阳出版发行集团

沈阳出版社

图书在版编目 (CIP) 数据

团队打天下 管理定全局 / 孙浩著 . —沈阳 : 沈
阳出版社，2017. 8
ISBN 978-7-5441-8606-3

Ⅰ . ①团… Ⅱ . ①孙… Ⅲ . ①企业管理—通俗读物
Ⅳ . ① F272-49

中国版本图书馆 CIP 数据核字（2017）第 210527 号

出版发行：沈阳出版发行集团｜沈阳出版社
（地址：沈阳市沈河区南翰林路10 号　邮编：110011）
网　　址：http://www.sycbs.com
印　　刷：北京溢漾印刷有限公司
幅面尺寸：170mm×240mm
印　　张：16
字　　数：215 千字
出版时间：2017 年 10 月第 1 版
印刷时间：2017 年 10 月第 1 次印刷
选题策划：张晓薇
责任编辑：杨敏成
封面设计：一个人·设计
版式设计：点石坊工作室
责任校对：李　飞
责任监印：杨　旭

书　　号：ISBN 978-7-5441-8606-3
定　　价：39.80 元

联系电话：024-24112447
E - m a i l：sy24112447@163.com

本书若有印装质量问题，影响阅读，请与出版社联系调换。

前 言
preface

团队管理，这是一个很常见、非常简单直接但又让许多人充满困惑的问题。说它简单，是因为决定团队效益的无非三个条件：自主性、协作性和创造性。只要你的团队具备了这三大要素，一个一流团队的雏形就打造出来了，它会随着你的运筹帷幄，决胜千里之外。但让众多管理者困惑的是，在实际的管理活动中，他们遇到了诸多现实而又无奈的阻碍，人性中的种种缺陷，往往令团队的管理和发展陷入纷乱无序、寸步难行的境地。这随口就能说出来的三个因素，事实上真要操作起来，还的确不是一般人都能够做到的。实际上，不论是中小型团队，还是国企乃至世界 500 强企业，他们的中高层领导者都有这种苦恼：自己竭力而为，却感受不到身后团队给予的强而有力的支撑，经常是披肝沥胆孤身奋战，陷入苦斗举步维艰，实际的付出远远多于少之可怜的回报。

虽然每个管理者都能列举出一大堆原因：社会大环境影响、个体的性格差异、人力物力的匮乏、权利受限等，但归根结底，真正影响团队面貌的根本原因是你的领导水平有限。

1

借用杰克·韦尔奇的话给大家一个忠告：别再沉溺于管理了，赶紧领导吧！

也许有的人会一头雾水——管理和领导不是一回事吗？是，也不是。其实这句话是要告诉大家，团队领袖所做的主要工作，应该是合理的"导"，而不是单纯的"管"。领导是一个集体进程，它是我们与下属在动机和目标上从冲突到和谐的产物。管理者不能像霸王一样，把自己的意志强加给下属，用权力去"管教"和"修理"，这种做法在现代团队里是断然行不通的。当然，员工也不会逆来顺受地无条件执行。

真正卓越的管理者应该这样：管理者最大限度地发挥自己的导向作用，理顺团队内部的各种障碍，让大家心甘情愿地跟着自己的脚步走。

本书的主要目的，就是解决普遍存在于各个团队中的"管理之惑"。书中的内容针对性很强，有着非常清晰的定位，笔者通过深入浅出的讲解，详实生动的案例，通俗易懂的总结，尖锐深刻地挖掘出了管理的真相，一针见血地告诉你，一流的团队建设和管理究竟应该是什么样的。这本书，非常适合中国管理者们参考和学习。

目 录
contents

第一章 一流企业制度管人，三流企业以人管人

第四章 协调与沟通，是管理者必须要有的生存技能

第五章 人才是利润最高的商品，用好人才才是最终赢家

第六章　靠奖罚取代牢骚，靠激励创造活力

第七章　卓越的领导不仅是会授权，更要能控权

第八章 该有的恩典和绝对的权威，一样都不能少

第 一 章
一流企业制度管人，三流企业以人管人

团队发展光有激情是不够的，它需要很好的体系、制度、以及良好的盈利模式。管理者如果能坚定不移地让制度充满神圣性、充满敬畏感，让制度硬性起来，再加上文化的软性力量，双向促动，一定能够保证最大的执行驱动，能够让团队创造完全不同的价值。

一套好制度，强于几名管理者

良好的秩序是一切美好事物的基础。

一个团队，有了规范的制度程序，才能保证执行的高效、到位。一套好的规章制度，甚至强于几名管理人员。管理工作最重要的不是直接去管人，而是制定让人各尽其职的制度。

说的直白一些，管理者与下属毕竟存在着一种无形的对立关系，你单在嘴上说服管理，部分人便会对此置若罔闻。但你把规矩定下来，你把规矩摆在那里，你告诉他们什么是规矩，破坏了规矩又该怎么处理，这样，他们的心里便有了一个谱，知道底线在哪里。然后，你只要按规矩办事，就不会有人觉得你滥用权力、厚此薄彼，你的管理行为会更有说服力，管理也会变得更加容易。

退一步说，即便你定下的这个规矩还不够成熟，但也比没有规矩要好的多。一个团队若是没有规矩，团队成员心中便少了一杆秤。是的，他们知道你是他们的上司，但并不知道什么是你所允许的、什么是你所不允许的。今天张三犯了这样一个错，你没有察觉，你没有纠正，别人看在眼里；明天李四犯了同样的错误，你发现了，你去批评，大家就迷茫了——这是怎么个情况？张三是领导家亲戚？李四跟领导有仇？猜测各异，众口不一，你并没有弄清是怎么个状况，但你的威严很可能已经就此扫地了。但如果你把规矩摆在那里，无论是张三李四、还是王五赵六，哪个敢轻易以身试法？就算你没有发觉，张三躲过了，那别人也是替他暗自庆幸，李四被抓了个现行，那大家也会替他叫晦气，无关乎你行事的公平性。

当然，规章制度的重要性比这可要大的多，我们做管理者的拿着制度对下属说话，永远比依靠个人权利发号施令底气要硬、力度要大，也更具效率性。

18 世纪末，英国人来到澳洲，随即宣布澳洲为他们的领地。但是，怎么开发这个辽阔的大陆呢？当时英国没有人愿意到荒凉的澳洲去。英国政府想了一个绝妙的办法：把犯人统统发配到澳洲去。一些私人船主承包了运送犯人的工作。最初，政府以上船的人数支付船主费用，船主为了牟取暴利，尽可能多装人，却把生活标准降到最低，所以犯人的死亡率很高。英国政府因此遭受了巨大的经济和人力资源损失。英国政府想了很多办法都没有解决这个问题。后来一位议员想到了制度。那些私人船主利用了制度的漏洞，因为制度的缺陷在于政府付给船主的报酬是以上船人数来计算的！假如倒过来，政府以到澳洲上岸的人数来计算报酬呢？政府采纳了他的建议——不论你在英国装多少人上船，到澳洲上岸时再清点人数支付报酬。一段时间以后，英国政府又做了一个调查，发现犯人的死亡率大大降低了，有些运送几百人的船经过几个月的航行竟然没有一个人死亡。

犯人还是同样的犯人，船主还是那些船主，不同的是船主们得到了制度的约束，于是，所有的问题解决了，这就是制度的力。在现代管理中，制度的重要性更是不言而喻。我们做管理者的都知道，如今的竞争在很大程度上就是人才的竞争，而人复杂多样的价值取向和行为特质，就要求我们必须营造出有利于共同理念和精神价值观形成的制度和文件环境，并约束、规范、整合人的行为，使整个团队达成目的的一致性，最终实现团队的共同利益。因为人的本性就是懒惰自私的，这一点毋庸置疑，你不用制度约束他，他就不给你好好做事，所以，不管你只是一个小企业的领导，还是大企业的舵手，都不能忽视制度的重要性。而且，我们不能只是心里有这么一个概念，随便拿出那么一个方案，这不够，这达不到我们想要的效果。你如果不是只为了摆摆样子，吓吓你的下属，你如果真希望自己的制度能够推动团队的发展，那么在以下几个方面，你都要有所关注：

1. 制度的可行性。制度是用来规范团队成员的标准，它必须符合团队的实际情况并能够解决团队存在的一些问题。所以我们在制定制度的过程中，一定要对团队有个准确的评估，你得多查查、多看看，对现实需求进行深入的调查分析，对需要解决的问题按轻重缓急做出科学合理的划分，采取先重要后主要再次要的处理方式。同时，在制度的制定过程中，你必须与团队主要成员做好充分沟通，明确制度的适用范围和目的，预设制度执行过程中可能出现的问题以及应对措施。否则，就是你的文采再好，那也不过是冠冕堂皇的条文，与现实情形背道而驰，无异于一纸空文。

2. 制度的文件化。你不能当着下属的面做一次口头传达，就觉得那是团队制度了，更不能朝令夕改。严肃的制度必须以文件的形式予以明确，并确保制度的稳定性。你别小瞧这文件化的重要性，你要知道，在法律上，口头承诺永远没有契约具备法律效应。是的，你的团队制度或许涉及不到这么严重的问题，但意义上其实大同小异。你把它做成文件，把它放在每个下属每天都能看到的地方，那就形成了一种威慑性，它会每天提醒大家注意自己的行为，这样，效果就出来了。如果你不这样做，你只发布个口头命令，那别人记不记得住暂且两说，日子久了，大家头脑中的概念肯定会模糊，那么制度的威慑性也就模糊了。

3. 制度的执行性。有了制度而无法贯彻执行，那便与没有无异。在制度的执行过程中，你要让手下的人知道，制度不仅仅是规范他们的行为，同时也是为了保障他们的利益和安全，是为了营造良好的团队氛围，以确保大家都能得到更好的发展、都能得到公平的对待，这样，你的下属才能认可制度，而不是抵触。同时，作为制度的制定者，你不能搞特权主义，不能觉得自己高高在上不受任何约束，你应该给下属一种"天子犯法与庶民同罪"的印象，这是很重要的一点，你能做得到，制度才会发挥更大的效用，团队的管理才能真正的提高。

最后一点非常重要，但其实也很容易做到，即，你所制定的制度必须符合国家的法律法规，不能凌驾于国家的法规之上。这一点若是出了问题，那你可真要面临大问题了。

先有制度化，才能规范化

在人类社会中，制度起着支配作用。制度好可以使坏人无法任意横行，制度不好可以使好人无法充分做好事。

企业规范化的第一个标志就是制度化。制度，是所有管理模式的基础，没有制度，管理没有底蕴，任何管理形式都难以向前推进。进行制度化建设和管理，就是为企业管理的提升奠定一个基础，以这个基础为本，进一步推进企业管理向图表化、标准化、流程化和数字化建设迈进，促进企业向规范化方向发展。

当年，青岛电冰箱厂（海尔集团的前身）亏损147万元，自从张瑞敏上任开始了一系列的规章制度管理，进而成就了今天的海尔文化。2007年，海尔实现全球营业额1180亿元，成为中国家电第一品牌；2008年3月，海尔第二次入选英国《金融时报》，被评选为"中国十大世界级品牌"。

电子商务方面的领袖人物马云35岁创立阿里巴巴，49岁辞任CEO，他的团队及其本人可以说长时间惊艳着中国互联网。而马云在建立董事会制度、培养接班人和权利控制分配等方面的独特管理思维，无疑是非常值得当下的创业者和管理者们借鉴和学习的。

在阿里巴巴集团，有一个很不错的绩效制度。按制度要求，公司每个季度都要对员工进行行业绩评分，而对其中的优秀者，会以加薪，股票期权，奖金和新工作机会等形式进行奖励，这种管理制度极大提高了员工的工作积极性，促使他们以公司目标为自己的目标，不遗余力地提升工作效率。

制度的建立，可以给团队成员一个统一的标准参考，使他们明确自己工作需要达到的标准，能够对自己的工作有一个明确的度量，进而使整个团队形成向上的力量，最终就是企业文化的体现。

制度健全而规范的企业更容易吸引优秀人才加盟。一方面，规范的制度本身就意味着需要有良好的信任作为支撑。在当今社会信任普遍处于低谷之时，具有良好信任支撑的企业在人才竞争中很容易获得优势；另一方面，规范的制度最大程度地体现了企业管理的公正性和公平性，人们普遍愿意在公平、公正的环境下参与竞争和工作；同时规范而诱人的激励制度是企业赢得人才争夺战的最为有力的武器。

健全的企业制度以及科学的制度管理，能够将这些优秀人才的智慧科学地转化成公司具体经营管理的行为，形成一个统一的、系统的制度体系，使企业持续、稳健的发展；能够更有效发挥企业的整体优势，使企业内外能够更好的配合，可以避免公司中由于员工能力和特性的差异，使企业经营管理出现差异和波动；

制度化管理使企业管理工作包括市场调研、供应商及客户的管理和沟通等工作都得以规范化和程序化，在企业内部形成快速反应机制，使企业能及时掌握市场变化情况并及时调整对策，也使整个供应链的市场应变能力得到增强，从而提高供应链和企业本身的竞争力。

但是，以制度化控制为特征的流程式管理也有它的局限和弊端，其主要表现在以下几个方面：

1. 制度僵硬，扼杀员工创造性

现代美国著名企业家艾柯卡有一句被事实验证过无数次的箴言："不创新，就死亡"，近年来比较典型的事例无疑就是诺基亚的故事。对于现代企业而言，创造性就是生命力，是企业赖以生存和发展的源泉。如果管理者思维过于僵化，企业过于强调工作的程序化和标准化，在一定程度上就会抑制员工的个性，尤其是知识型员工，他们较为崇尚个性发挥。呆板的、僵化的、过于强调工作程序化和标准化的制度会打击他们创造性地开展工作的积极性和热情。久而久之，企业的整体运行就会陷入因循守旧、不思进取的恶性怪圈。

2. 信息透明化，会增加企业的经营风险

由于制度化管理的本质就是文件化、程序化（电脑化）、信息透明化，使企业的决策，客户档案等内部资料及商业机密等不再成为秘密，就有可能被泄露或被恶意利用，使企业蒙受损失。

3. 制度化管理初期，会增加企业负担

企业制度的制定必须经历拟定、讨论、审定等许多环节，必须投入大量的人力和时间资源，这是负担之一；同时，为了使制度便于推行与实施，企业必须让员工参与讨论并必须对全体员工进行宣贯和培训，这是负担之二；其三，制度化管理的初期，在制度的理解与执行之间及制度与传统之间总是存在着不同程度的冲突，加上制度本身不够完善造成操作性较差等都对企业有效推行制度化管理形成障碍。

事实上，任何事物都有它的两面性，制度化管理也是一样，它有利也有弊，这其中的关键在于把握。经营与管理是企业发展的两个重要因素，两者的关系把握好了，去弊存利，企业就能不断提升自己的竞争力，不断发展和完善，在日益激烈的市场竞争中获得长足的发展。

好制度是企业长盛不衰的基础

市场不相信眼泪，市场对企业同样是无情的，如果企业制度不能符合时代的需求，企业早晚得死掉。

制度化管理对企业发展和组织效率提升的意义不言而喻。诺思在《西方世界的兴起》中宣扬的最主要的观点就是：西方经济的发展最主要得益于制度的变迁。这个制度，包括国政范畴内的"大制度"，也包括商业机制、企业制度、信用制度在内的"小制度"；甚至还包括各种由长期习惯而形成的明文规则等正式制度，及社会风俗、文化等隐性的非正式制度。正是这些制度，对推进人类文明发展，激活区域经济发展，起到了居功至伟的作用。

对于团队管理而言，制度不仅规范了团队中人的行为，为人的行为划出一个合理的受约束的线，同时也保障和鼓励人在这个团体中自由活动，享受权益。说的通俗一些，制度就是一种符号，它标明：人在这个团体中可以做什么，不可以做什么，什么样的行为会受到处罚，而什么样的行为又可以得到奖励。从而有效地提醒团队中人约束自己，提高组织执行的效率。

企业推行一种规章制度，最直接的受益就是提高组织的协调性和管理的有效性。管理者的执行能力是人治，而制度性执行能力是"法制"。人治，对于三五个人的小集体而言，也许足以应对，但如果企业不断发展，规模不断扩大，管理者再用类似车间主任管理车间的那种人治方式来管理企业，显然是彻底行不通的。因此，企业只有通过严格的制度管理，打破"人管人"的老旧框架，实行"制度管人"的科学管理方式，才能将管理职能化、制度化，才能确保企业和谐而统一的朝着既定目标发展下去。

美国著名管理学家吉姆·柯林斯在其作品《基业常青》中，从400多位举足轻重的美国企业大佬里评选10位美国有史以来最伟大的CEO。令人意外的是，许多我们耳熟能详的卓越管理者、企业家、行业领袖并未能入选，如微软总裁比尔·盖茨，通用电气前CEO杰克·韦尔奇等。相反，上榜的10位企业家里，有人当初根本就没想过自己能当CEO，比如波音公司总裁比尔·艾伦。

柯林斯给出的理由是：这些人在卸任以后，他们主导过的企业依然能够持续发展，兴旺发达，因为他们在任时就建立了一套大而持久的制度，奠定了企业长盛不衰的基础。

事实上，每一个企业都会面临领导人的接班问题，对于民营企业或家族企业而言，这是传承问题。在某一任领导者将企业发展壮大以后，如何能将企业的辉煌顺利传承下去，乃至百尺竿头更进一步，创造百年老店，这是领导者必须要思考的问题。

在西方，一些企业经历百年，成长为国际巨型企业，他们的管理经验是很值得借鉴的。在西方的管理理念中，制度化管理是理所当然的，为何采取制度化管理方式是不证自明的。这一点上，我们的很多企业领导者还没有认识上去，尤其是民营企业，它们靠企业家个人的能力取得了一定的成功，还没有意识到制度化管理的重要性和必然性。事实上，我们有很多企业在持续发展的问题上都遇到了困难，很多企业已经倒闭，成了昙花一现。如何解决企业短寿的问题？如何才能让企业发展成西方发达国家那样的巨型集团、百年企业？制度化管理是解决这一问题的重要答案。企业要想维持稳定和持续发展，最终必须走上制度化管理的道路。

企业领导人做企业，信誉自然是第一位，但只有信誉远远不够，必须要有一定的制度保障才行。因为员工需要一个更加开放、透明的管理制度，需要建立一个顺畅的内部沟通渠道，更重要的是形成规范的、有章可循的"以制度管人，而非人管人"的管理制度，增加内部管理的公平性。在企业持续发展阶段，缺少"人本管理"并不可怕，而缺少行之有效、人人平等、贯彻始终的制度管理是可怕的，它会导致管理流程混乱。所以希望大家在谈执行问题时，千万不要本末倒置，为求速效，为节约资本投入，而牺牲企业基业常青的"基因"（制度与文化建设）。管理者应当懂得，企业持续发展的源泉，在于制度与文化对于人性中积极因素和消极因素的弘扬和抑制，让员工无论在工作还是日常行为中，都有一个标准，这个标准引导着员工朝着公司发展目标一起前进。

看看你的企业有没有这些制度病

一个企业如果达到一定规模以后，如果制度不健全，没能通过制度来实施管理，那么不仅这个企业的老板和管理者会做的很累，而且他们的企业肯定无法维持长足、良好的发展。

事实上很多管理者都已经明白了这个道理，所以当企业发展到一定阶段以后，他们就会大力抓制度建设。不过，很多企业又出现了这样一个问题：制度制定出来了，并且制定了很多，但效果并不理想，贯彻很难。这是什么原因造成的呢？

对于这个问题，如果我们想找出正确的答案，不如先看看下面这个事情，相信大家必然能从中得到些启示。

一家烟花厂总是小事故不断，厂长很是郁闷也很纳闷：安全生产制度制定了一大堆，可以说面面俱到，怎么就贯彻不好呢？最后他想出了个办法，在厂子里腾出了一间宿舍，让主管安全的副厂长每周起码住在厂里三天以上，名为值班。然后，奇怪的事情发生了，安全事故渐渐没有了。这又是为什么呢？原因在于，尽管此前也制定了全面的制度，但没有人下工夫去把这些制度贯彻执行下去。当厂长把安全副厂长按到厂子里以后，实际上他把这个副厂长的安全和企业的安全捆绑在了一起。那么这样一来，这个安全副厂长在工作上的精细程度就发生了变化。因为他明白，如果这个工作做不好，出现安全事故，很可能把自己的命赔上。所以他对安全问题的管理程度，甚至会远远超过已有制度所限定的范围。

这是一个人性的问题，而管理的主旨其实就是制约和发挥人性。从这个意义上讲，要保证一个制度贯彻彻底，执行有效，其中非常重要的一点，就是要把制定制度的人、主抓执行的人，和被制度制约的人，把这些人的切身利益和制度紧密联系起来。做到这一点，制定制度的人会思考，怎么才能把制度建设抓好，保证企业利益的最大化；主抓执行的人会想，怎么能把这些制度有效执行下去，以免承担相应的责任；被制度约束的人会提醒自己，千万别去碰这个"火炉"，不然一定会被烫伤。那么做到了这个程度，实际上制度就相对容易贯彻了。

在现实管理中，我们的制度难以贯彻，实际上原因是方方面面的，概括起来，主要集中在以下几个方面：

1. 管理者出台管理制度时不严谨

有些管理者只知道企业需要实施制度化管理，却没有经过系统、科学的学习和论证，仓促出台管理制度，导致一些制度不适用于企业，因而朝令夕改，令员工无所适从。最后导致，真的有了好的制度，也得不到有效的执行。小孩总说狼来了，等狼真的来了，就没有人去做好人了，这其实是一个道理。

2. 制度设置的不科学

有些管理者在制定制度时，并不考虑本企业、本部门实际情况，而是依葫芦画瓢，照搬别人的东西，导致制度与实际情况脱节；有些管理者在制定制度以后，就觉得可以一劳永逸，并未随着形势发展变化及时修订完善，导致制度不适应现阶段管理要求；有些管理者在制定制度时，只着眼于本部门的工作实际和特点，而忽视与其他部门的协调，造成制度的不配套等。

3. 有制度漏洞

有些管理者在制定制度时，制度与制度之间，本身没有进行规划、优化，相互之间甚至存在矛盾，彼此有冲突，因而造成这样一种情况：执行了这个制度，又违背了另外一个制度。这就导致了被管理者无所适从，索性哪个制度也不执行了，所以这些制度有和无也就一样了。

4. 制度的宣传工作不到位

有些管理者只知道制定制度，却忽略了制度出台后的宣传、培训和教育工作，导致员工不熟悉、不了解，制度的普及率和知晓率因而非常低，以致制度的执行大打折扣。

5. 被管理者不理解制度

制度制定以后，管理者与被管理者之间缺乏足够的交流与沟通，导致被管理者不明白这个制度制定的意义。在这种情况下，被管理者就会认定，这是管理者想当然强加给他的没有必要的约束。所以，他们从内心里是不愿意执行的，能够钻空子的时候，肯定要钻空子。

6. 被管理者不认同制度

有些管理者在制定制度时，不考虑被管理者的利益和实际情况，如此一来，被管理者会认为，这些制度就是用来针对、压榨、限制我的，那么你针对我，对不起，我也不配合你，所以他们会设法去挑战制度。这种情况下，制度的贯彻显然是非常困难的。

7. 制度内容不具体

制度是一种限定，限定管理者和被管理者该怎样做，不该怎样做，违背了就要承担相应的责任，受到相应的惩罚。但现实管理中，很多制度在这个界定上很模糊，违背了要承担什么责任，是扣奖金、扣工资、降级，还是下岗走人，很多管理者在制定制度时，并没有把这些说清楚。如果没有这个约定，那么这个制度有或无的区别就不是很大。

这就好比草坪上立着的那块牌子——"请勿践踏草坪"，但大多时候我们会看到，这草坪上会有一条被踩出来的路。"请勿践踏草坪"，这相当于一个制度，践踏草坪是不允许发生的事情，但这个制度没有约束，我践踏了草坪谁会追究？要追究什么责任？没有。在这何种情况下，这样的制度是不可能很好地贯彻的。

8. 制度监督缺乏引导

有些制度能否得到有效实施，没有具体的监督保障，没有客观的评估标准，公开、反馈等机制也不健全，使得执行制度更多的依赖于企业和部门领导的自觉性。有的对制度的监督检查仅仅是走马观花，做表面文章，发现不了问题。

9. 内部制度控制不健全

很多企业的内部控制制度不够全面，未能覆盖企业的所有部门和人员，没有渗透到企业各个业务领域和业务操作系统。以财务部门为例，有些企业会计工作秩序混乱，企业常规票据、印章分管制度，会计人员分工中的"内部牵制原则"均未建立,造成会计信息失真现象极为严重,甚至一些小企业连正规的财务部门都没有,会计、出纳以及财务审核,都交给一个人处理。这就给了别有用心的人可乘之机,企业因此蒙受损失的事情屡见不鲜。

比如,北京某公司沈阳分公司的行政、财务工作,均由赵女士一人负责。2016年5月,公司采购了5台苹果笔记本电脑,但被其他员工实际领用4台,剩下一台在赵女士处保管。该电脑虽入财务账,但实物账中却没有赵女士入库和领用的记录。2016年年底,赵女士提请辞职,却对公司隐瞒了实际领用这台电脑的事实,由于实物账中也没有赵女士的领用记录,所以公司并未察觉。直到2017年3月份,公司对沈阳分公司固定资产进行盘点时,才发现该问题,而此时赵女士离职后已不知去向。

10. 对内控制度执行不力

内部控制制度是企业各个业务部门或人员,在业务运作过程中形成的相互影响、相互制约的一种动态机制,是具有控制功能的各种方式、措施及程序的总称。内部控制要以有效为前提。然而,一些企业的管理者和员工,对于内部控制制度并不重视,有时仅仅为了图省事,因为怕麻烦,就弃制度于不顾,导致制度不能真正贯彻,甚至给企业造成损失。

温州某鞋厂制定了严格的《印章管理办法》,明文规定:员工不准私自带公章外出,若必须携带公章外出,必须经过厂长签字,办好相应手续方可,并且至少2人同行,做好用印记录。2015年某日,该厂业务员陈某以去客户处当场签合同为由,要求携带公章外出。恰巧厂长出差，印章保管人员为图省事，私自将印章交给陈某，并未办理任何领用手续。2016 年 7 月初，陈某口头提出辞职申请，获得批准。2016 年 7 月中旬，该厂意外地受到了劳动仲裁委员会的开庭传票，原来陈某以被公司辞退为由，向劳动仲裁委员会提请仲裁，要求厂里向其个人赔偿经济补偿金 5 万余元，随仲裁传票寄来的还有一张盖有企业公章的辞退通知书，但企业无证据证明陈某曾经实际接触过公章，最终该厂败诉，经仲裁，赔偿陈某经济补偿金共计 3 万余元。

事实上，在我国，很多管理者，尤其是中小民营企业管理者，并不重视制度建设的严谨性。一个企业要想做大做强，做到国际化公司、跨国公司，就不能不去研究、学习别人在制度化管理方面的经验和方法。我们的视野必须国际化，否则怎么能与人竞争并战胜人家？从制度设计与安排的角度看，现代制度化管理必须要走市场化、规范化和国际化的道路，即增强市场的适应性，减少操作的随意性。

企业制度建设是企业的基础建设工作，所有的管理思想和管理承诺都要通过管理制度来体现，没有完善的制度，管理混乱就是必然的了，员工也就得不到有效的激励。企业要想做好管理工作，就必须重视制度建设工作，要有制度至上的观念，减少领导意志和空口承诺，杜绝人情管理，增强制度建设，狠抓落实，唯有如此，才能保障企业健康而有力的向前发展。

让制度落地，企业才有生命力

狗和狼都有消化系统，然而，我们虽然常说狗爱吃骨头，狗却很少将骨头真正吞下去，而狼，不仅能吃骨头，甚至连毛发都能消化掉。因此，恶劣的环境中，狗离开人的庇护很难存活，而狼却能活得很好。这就是生命力。

每一个成熟的企业都会有它的规章制度，这看上去好像大同小异。然而，很多企业的制度只是形式上的一本小册子或文档，而真正卓越的企业却在现实中真正规范到全体成员的行为。所以，有些企业生机盎然，有些企业勉强维持。这就是企业生命力。

企业生命力强调的并不是在管理上要一应俱全，而是强调管理的落地程度，强调执行力落地，其中，制度落地是核心基础之一。

许多企业，并不缺少文件化的制度，然而造成其管理不规范的根源之一，就是制度没有落地。有些企业事无巨细都形成了文件化的制度，但是制度制定完成后缺少宣贯和培训，并且增加了制度实施的难度；有些企业没有考虑制度的连贯性，造成制度多变或前后矛盾，使员工无所适从；另一方面，一些企业由于受"人情文化"影响等原因，对违反制度的行为缺乏相应的制裁措施，使违反制度的风险和成本极低，间接地鼓励了违反制度的行为。于是制度无法有效推行和实施，成为一纸空文，最后束之高阁。

制度能否落地，对于企业的发展具有重要意义，而保障制度落地的前提条件，就是制定符合企业实际、科学的、可执行的管理制度，这要求管理者认真做调查研究，从企业的组织架构、人员构成和企业目标深入分析，按照国家的法律法规，充分考虑到企业和员工的利益，制定出满足企业目标和员工需求的制度。

具体来说，管理者在制定企业管理制度时，应遵循并充分考虑以下几个原则：

1. 制度的科学性

管理者在出台制度前，应深入基层认真调研，集思广益仔细论证，并建立科学有效的制度评估和反馈机制，切实增强制度的系统性、科学性和适用性。企业各职能部门建章立制要注意与相关部门的配套和衔接，提高制度之间的统一性和互补性，增强制度执行的合力。

2. 制度出台的程序应公正和规范

制度管理如果没有一个公正的出台程序就有可能陷入强权管理范畴。而强权发展到一定程度，往往会产生"指鹿为马"的结果，这就降低了制度创设程序的重要意义。制度文化客观上排斥强权，主观上却又无时无刻不在倚重强权、彰显强权。在当代企业制度建设中渗入强权成分的情况屡见不鲜，试想，朝令夕改、出口成规的情况，在多少企业真正得到了彻底根除？而且管理越不规范，这种情况就越严重，就越是与企业文化建设背道而驰。

3. 加强宣传教育

管理者要把制度宣传教育作为管理工作的重要内容，深入到基层，开展生动活泼、易于接受、面对面的宣传活动。要重点在基层管理者中广泛开展制度的宣传教育，增强他们的制度意识，引导他们带头学习制度，促使他们通晓制度内容，掌握精神实质，不断增强制度意识，牢固树立严格按制度办事的观念，养成自觉执行制度的习惯，把制度转化为管理者的行为准则、自觉行动。在宣传教育中，既要宣传制度规定了什么，又要宣传制度如何执行、如何落实、怎样监督，最大限度扩大制度透明度和影响力，努力营造人人维护制度、人人执行制度的良好氛围。

4. 加强培训工作

管理者在将制度制定下来，并试行确定以后，应将其汇编到员工手册，绩效手册、文化手册中去。应印制成文，下发到每个员工手中，或放在办公系统的专栏中。制度的修改和执行情况应在办公系统中反映出来。同时，应对员工进行制度培训，要让员工先"知法"，这样，才能确保员工们快速适应制度。

5. 制度面前人人平等

制度的执行要有平等性。管理者需要时刻提醒自己，不要既是制度的制定者，又是制度的破坏者。如果管理者把自己凌驾于制度之上，要求员工严格遵守制度，自己却又破坏亲手制定的制度，那么这种负面示范的效果将具有极大的破坏性，员工们自然而然不会再把制度当成一回事。因此制度也很难执行。

6. 管理者率先垂范

管理者在执行制度方面，必须做到严于律己，以身作则，要求别人做到的，首先自己要做到。

一要带头学习制度。努力在制度学习上先行一步、学深一些，让自己做制度的明白人。

二要带头执行制度。子曰："子帅以正，孰敢不正"，"其身正，不令而行。"管理者在制度执行上应更加自觉、更加积极，要坚持以身作则、身先士卒、率先垂范、身体力行，带头尊重制度的权威，模范接受制度的约束。

三要带头树立良好作风。管理者在制度执行的过程中，要充分发挥主观能动性，坚持一切从实际出发，但要敢于打破陈旧的、固有的思维定势和行为习惯的束缚，将执行和创造有机地结合起来，不断提升创新能力。

7. 为执行提供工具支持

制度执行相关的配套必不可少。执行中使用表单，保证相关流程支持，都是必要的。如企业规定员工必须制定工作计划，同时企业设计了规范的表单和相关模式。供员工制定工作计划。这样表单就是支持制度的执行。同样，员工请假设计便捷的请假单和规范的请假流程。这样请假制度执行起来就有保障。

8. 对制度进行定期检讨

企业领导层应经常性的对制度进行检讨。巩固已存在的并经得起检验的制度，检讨执行不下去的制度，客观评价：是制度的问题，还是人的问题。如果制度有不合理的地方，必须及时修正，如果是人的问题，需要观念革新，需要培训教育，需要奖罚评定。这样，制度在执行中，才能够适应新情况，解决新问题，日趋完善。制度才能符合企业发展的需要。

9. 制度执行要有严格考核

对于所出台的管理制度，管理者不仅要带头带领大家理解制度内容，重要的是要有相应的考核与之相辅相成。企业应该按照制度制定相应的考核、奖惩措施。奖优罚劣，确保违反制度的行为要承担相应后果。这样才能保证制度执行不走样，执行才有效果。

10. 严格落实奖惩，正确引导和鼓励按制度办事

要建立问责制度，明确制度执行的责任人。要严肃处理不认真执行制度、不及时执行制度和拒不执行制度的行为，真正把问责工作落到实处。对认真执行制度、按规矩办事的人要给予表彰和奖励，通过示范效应引导员工自觉遵守制度、严格执行制度。

最后，要把握好制度的稳定性和灵活性，一方面，一项制度出台以后，不能朝令夕改，要能管上一段时间，大的原则和要求不能轻易改动；另一方面，要认识到制度的局限性，对不适应、不严密、不配套、不具体和不便执行的制度，要及时补充、修订和完善；对已经过时、甚至与党和国家新出台的有关规定相抵触的制度，要及时废止。要广泛听取各方面的意见建议，使制度得到企业全体成员的拥护和支持。

制度朝令夕改，员工晕头转向

领导者的言行对员工有直接影响。领导者朝令夕改，员工就会摸不着头脑，手忙脚乱，整天忙的都是收拾残局。在这样的企业不会有快乐也不会有希望，这样的企业向心力和凝聚力会逐渐丧失。

朝令夕改的直接影响，就是弱化制度的效力，事实上历史上一些有深明远见的管理者就已经对此有了深刻认识，并采取措施来规避朝令夕改现象的出现。其中最典型的就是商鞅。

战国时期的秦国，管理者们颁布的政策变来变去，导致民众无所适从，管理者失信于民，也使很多法规法令得不到民众的拥护，无法推行，加之有些法令本身已经不适合当时的社会、政治和经济环境，所以商鞅当权之后，力主变法，并得到秦孝公的支持。在商鞅看来，要使变法取的成效，必须要保持新法的稳定性和延续性，要避免再次出现"朝令夕改"的事情。因此，商鞅颁布的新法，在他死后很多年，仍有相当一部分法规法令得以延续。

从古至今，无论国内国外，朝令夕改都是管理中的一个大忌。

陈子阳在一家公司谋到总经理助理一职，朋友们都觉得他前途可期，但他却幽幽地说："我不会待长久的。"理由是，他很怕见到总经理，不知道怎么工作是对的。他说，总经理总是不停地改变着他的想法和命令，让人无从下手工作。总经理最常说的话是"上次那个事不行""你把那个通知追回来""我不准备按以前说的做了"等，结果，陈子阳果然很快离职了。

朝令夕改，制度何来权威性？领导言行不一，又如何在员工心目中树立威信，约束员工？没有大家认可的制度，如何让员工对你的企业产生信任？又如何能留得住人才呢？当员工对企业制度不再重视的时候，企业怎么会有执行力？

管理者应该明白，权力越大，地位越高，就越不能随意发号施令。作为一名管理者，如果习惯于随意滥下命令，就会造成许多不好的影响。只会用命令来管理的管理者，绝不会成为一名杰出的管理者。

管理者要珍视自己的命令，不随便滥发命令；更要确保命令能贯彻实施。对那些不遵守命令的员工，必须毫不犹豫地予以惩罚，否则一旦开了不守命令的先例，你就无法控制局面了。

当员工违反了命令时，即便他们的借口合理，也不能轻易向其妥协。虽然有时达到目标并非易事，但若轻易妥协，只会丧失自己的威信，使员工以此为例养成不服从命令的习惯。

温东宇是一家食品厂的总裁。一段辉煌期过后，公司发展陷入停滞。通过深入了解并分析，他发现是产品质量出了问题。找到问题后，温东宇开始了他的改进计划。他采取的是温和、循序渐进的手法。他请来广告和品牌策划专家，以轻松、幽默的方式为员工讲解产品质量和品牌的重要性，使质量意识深入人心并成为广大员工的自觉意识。

此外，他走出他的办公室，亲自到工厂车间检查产品质量，和员工们讨论质量问题。通过这个途径，他收集到了许多质量改进的设想和建议。

总裁的苦心没有白费。在他的带领和改进下，全公司上下形成了严格的质量意识，严格遵守由他制定的新质量标准。由此公司产品再次打开市场销路，销售额直线上升。员工们看到了希望，一个个干劲十足。

然而到年底，却发生了一件事情。有一批刚出厂的罐头卖得不错，非常受顾客的欢迎。但其实这批罐头存在一定的密封问题，不符合公司对此环节的质量规定。下属们犯难了，不知该不该继续发这批货，他们把报告放到了温东宇的办公桌上，等待着总裁的答复。

然而总裁的回答让每一个部属都感到意外："照发不误。"温东宇万万想不到，就为这一个错误的决定，他几乎前功尽弃。先前是他自己订立了严格的产品质量标准，并要求每名员工严格遵守，可现在，却是他率先违背质量原则。于是他渐渐失去了在部属中间建立起来的威信，他的决策再也没有先前那么强大的号召力了。其实，当下属把要不要发货的报告呈上来的时候，温东宇就应该清醒地意识到：下属之所以这样做，全是因为自己严格要求、训练的结果，表明部属是何等地重视产品质量。温东宇的回答无疑是告诉他们，所有订立的要求大家严格遵循的规则都是一纸空文，毫无意义，随时都可以撕毁、推翻。

温东宇自己搬了石头砸了自己的脚。你可以预见，部属们对温东宇先生的所作所为会感到如何的失望，正所谓上行下效，既然管理者都可以这样言行不一致，出尔反尔，自己作为下属，更没必要去遵守那一套东西了。不可避免的是，公司的产品质量如江河日下，一日不如一日。而在危急关头想要再次力挽狂澜，恐怕就非一朝一夕的事了，其可能性该是如何地渺茫。

所以，不随便发布命令，而在发布命令之后，一定要坚决执行，这不仅能提高管理者在下属心目中的威信，更有利于工作的开展。

在这方面，我们可以跟任正非学习一下。任正非有个非常有名的理论：在引进新管理体系时，要先僵化，后优化，再固化。用他在一次公司干部会上所讲的话作为解释最合适不过了：5 年之内不允许你们进行幼稚创新，顾问们说什么，用什么方法，即使认为他不合理，也不允许你们动。5 年以后，把人家的系统用好了，我可以授权你们进行最局部的改动。至于进行结构性改动，那是 10 年之后的事。正是因为这种对制度的尊重和始终如一的贯彻，才创造了华为的春天。

事实上，大多成功的企业家都是制度化的坚决推行者。实际上，制度化管理的根本所在，简单的说不外乎三个方面：一是在设计时保持前瞻性、合理性是基本；二是制度组合的系统性、连结性是关键；三是制度执行的平等性和坚持不懈才是最终保障。

制度需量体裁衣，不能拿来就用

一些管理者，为了图省事，或是快速建立起自己的管理制度，选择了一条"捷径"——直接把其他成熟企业管理制度拿来就用。事实上这是犯了管理的大忌。生搬硬套别人的制度，忽略了自己企业的现实背景，其结果就是，企业形态不伦不类，企业文化不洋不土、企业命运不生不死。

事实上，就是许多国际上先进的管理制度，也不一定符合中国企业的管理，因为基于国情的不同，被管理者的适应能力也不同。现代化管理，必须考虑自身的承受能力，把一套非常先进的管理制度引进来，但本身根本没有这种承受能力，或者说，企业成员根本无法适应这套管理制度，那么再先进的管理制度也起不到良好的作用。

想要出台一套好的管理制度，管理者就不能不深入基层作深入调查，不能浮在上面闭门造车。一个现代化管理体制的形成，必须经过自下而上，自上而下的几经反复，不可能是一蹴而就的。华为公司的管理文化，也不是几年内沉淀下来的。每个企业都有他自己实际情况与管理习惯，不是说你把华为的管理制度搬过来，明天你就变成华为了。

管理者应该明白，一些很现代化的管理制度，是要以一定的条件为前提的，若企业的条件还不成熟，先进的现代管理制度的推行就不能水到渠成。这就好比你一下子用五星级酒店的管理标准去要求大众宾馆的员工队伍，会是什么样子？

金港美食（化名）就是这么一个典型。作为国内一家小型餐饮企业，金港美食一直希望可以像肯德基、麦当劳一样，建立一套成熟的管理制度。其愿景是，借助这些国际知名企业的制度，让自己的企业遍地开花，成为全国性大型餐饮连锁集团。

在这种想法的驱使下，他们高薪挖来了一家知名餐饮企业的高管。这位高管空降后，他原来所在企业的管理制度，也自然而然地成了金港美食的管理制度。全公司上下连续召开了好几次培训会议，来学习新制度。一个月以后，这些制度在金港美食开始正式实施。本以为，有了一流企业的先进管理制度，公司的发展一定能够突飞猛进，没料到，新的、先进的管理制度根本无法实施。

以最简单的考勤制度为例。金港美食是一家地处三线城市的企业，员工多半是居住在附近的市民，出勤原本管理的并不是特别严格。就比如洗碗工，专职的有一个，兼职的也有一些——主要是旺季过来。如果专职洗碗工临时有事，实在无法出勤，能请到其他人来代班，只要告知一下店长即可，不必扣工资。简单地说，只要当天的清洗消毒工作完成了，当天的工资就能发放。新制度实施以后，市里的几家店都设立了一台打卡机，不仅要按时出勤，请假要层层报批，而且不能请人代班。

一开始的时候，大家还能勉强执行，但慢慢有事必须请假时，还是按"老规矩"来，店长也睁一只眼闭一只眼。另一方面，代打卡的情况也在泛滥，有的人眼看要迟到了，就通知一下其他同事，帮忙代打卡。为了杜绝这些情况，公司马上换了一批指纹打卡机，管理者心想，这下看你们还能耍什么花招。没想到，没几天各店的洗碗工就先后辞职了。辞职的理由很简单，本来工资就少，还要打卡上下班，有时候遇到必要的事情，请假要层层申请，要扣钱，找别人代班也不行，迟到也要扣钱，而且迟到的钱虽然扣了，该洗的碗一样要洗，这样扣来扣去，到手的工资更少的可怜了，还不如不干了。公司原本并不在意，人嘛，中国最不缺的就是这个。没想到，招了20多天，也没招来一个，连兼职的也慢慢不愿意做了。

前面说过，金港美食地处三线城市，年轻人大部分都到北上广追求梦想去了，留在家里的年轻人也都不愿意做洗碗工。所以，洗碗工大多是年龄较大的中老年妇女，虽然干活干净利索，但家里的事情也确实多，一看这公司到处都是规矩还动不动就要扣钱，谁都不愿意来。

就这样，从洗碗工集体辞职开始，越来越多的人对企业的规章制度不满意，企业逐渐陷入人员流失的困境。然后，前来就餐的人也越来越少——在小城市，员工和顾客往往都是沾亲带故的，离开的员工说几句对企业的不满，再加上碗洗得越来越不干净，人们自然也就不愿意前来就餐了。

看到公司呈现下滑趋势，最初持否定和怀疑态度的人也纷纷站出来表达自己的不满。就这样，企业花重金请来的人和"抄来"的制度，非但没有让企业蓬勃发展，反而成了别人的笑柄。最终，在巨大的压力下，企业高薪聘请过来的那位管理人才不得不羞愧地离开，企业又回到了之前的状态。

一个人买衣服还要量体而定，一个企业的管理制度又怎么能照搬照抄？管理者需要认识到，我们不是追求制度越现代化越好，而关键是要考虑自身的适应性。企业如果不适应制度，那么强行推行制度的后果，可能反而起不到现代化管理应有的目的。

要想给企业做一套合身的制度，制定人就必须从企业现状出发，结合企业实际情况，深入研究和分析，正确确定制度的内容和方向。使管理制度具有理性化、科学化，体现公正、公平、合理、严谨的原则，避免出现强迫性、独裁性的推行。

当然，我们还需要有参考的范本。不照搬照抄别人的制度，不代表我们就要完全把其他优秀企业制度束之高阁。我们有必要认真地借鉴，并在对比中不断完善，同时，也要在实践中不断改进，最终形成具有企业独特基因的制度。

另外还要提醒管理者，你手中的规章制度应该是与时俱进、适应时代变化的，这样才能发挥好管人的作用。也就是说，我们作为管理者，必须时刻注意本团队的规则，发现不切实际或不合情理的要及时纠正，不断改革，这一点很重要。可以这样说，一个好的规章制度，必然是不断发展不断改革着的。这样的规则是活的规则，只有活的规则才有意义。

用人机制是企业凝聚力量的核心

用人机制是企业管理的重中之重，是企业在激烈的市场竞争中处于不败之地的最关键因素，因为企业生产要素的优化配置最终都要由人来发挥作用。企业若不能够建立一套适应市场经济要求的用人机制，就难以取得决定性的成果。

著名企业马克西姆餐厅的用人制度十分讲究，对于员工严格任用、严格管理，使每个员工都素质很高。

严格任用就是用高标准来要求员工，以事择人，不能勉强。一旦发现用人上的失误和漏洞要及时修正，不能将就。马克西姆餐厅有着严格的等级制度，在提升和任用各级管理人员时，有着十分严格的标准。不够条件或条件不成熟的，决不轻意迁升。没有达到领班水平的，决不能提升为领班，即使在领班短缺的情况下，也不可改变这一原则。这样做的结果是最大程度地保证了每一级工作人员的水平，有利于提升整个餐厅的服务水准。

严格管理主要体现在各项规章制度上。马克西姆餐厅从卫生条件到服务，甚至到回答客人的各种问题，都有严格的规定。内容全面具体，任何员工都不得违反。例如有这样一条规定：对顾客提出的任何问题，永远不能回答不知道。如果遇到自己不清楚的问题，应向客人说明，马上去问，然后给顾客一个满意的答复。这在服务人员中已经形成了一种职业习惯，即必须尽力给顾客以满意的回答。

规章制度的建立并不困难，难的是长期有效的执行。马克西姆餐厅在这一点上，有它自己的独到之处。虽然它们也像其他企业一样有着严格的惩罚条例，但它们更注重调动工作人员的积极性，使他们能够比较自觉地遵守各项制度。

有章可循是用人的关键点，在管理中落实下去也同样重要。不能随意姑息迁就，否则就会使企业疏于管理而陷入混乱。只要全体工作人员都能认真主动地工作，就能够给企业带来财富。

大体上说，领导者在建立用人机制时，应注意从以下几方面入手：

1.建立过硬的选用监督制度。人才的选用需要严格谨慎地加以甄别，不可任人唯亲。唯有如此，企业才能选到真正的人才，才能促使人才最大限度地发挥自己的潜能，才能使人才真正成为企业发展的雄厚资本。

2.建立完善的用人保障机制。没有人可以一眼辨别出"庸才"与"人才"，"人才"潜能的发挥，需要一定的时间，需要一个渐进的过程。领导者若想让人才充分发挥他的才智，就需要为他解除后顾之忧，给予人才生活上的保障。

3.建立完善的用人激励机制。一个良好的激励，能促使人发挥出更大的潜能。那些成功的企业家在经营实践中认识到，激发出员工的热情和潜力，让他们最大限度地发挥自己的才智，企业才能够得到更长远的发展，企业和个人才能够达到共赢。

4. 人才用在刀刃上。要想使人才成为企业发展的最大推动力，首先就要营造良好的用人环境，要纳贤、爱贤，要为人才找到适合其发展的位置，为各类人才充分发挥自身所长创造有利条件。

有竞争力的薪酬水平才能吸引人才

薪酬简单理解就是给员工的劳动报酬。有竞争力的薪酬水平可以吸引、留住和激励员工，特别是优秀员工。有竞争力的薪酬水平不一定是最高的，但一定是最恰当的。

人力资源素质是决定企业核心竞争力的关键性因素，企业如能建立一套合理灵活的薪酬制度，那么必能挽留人才、吸引人才，从而使企业发展壮大。

英国经济学家格雷欣发现了一个有趣的现象，两种实际价值不同而名义价值相同的货币同时流通时，实际价值较高的货币，即"良币"必然退出流通——它们被收藏、熔化或被输出国外；实际价值较低的货币，即"劣币"则充斥市场。人们把这种现象称之为"格雷欣法则"，亦称之为"劣币驱逐良币规律"。

管理者应清楚地认识到薪酬制度的严肃性和公正性的重要，只有客观、公正的制度才能使执行落到实处，才能促进工作卓有成效。一般来说，薪酬激励能够从多角度激发员工强烈的工作欲望，成为员工全身心投入工作的主要动力之一。

随着企业制度的深化改革，以及部门独立核算的形成，在很大程度上，许多大的集团公司已将员工的薪酬管理权力交到了部门负责人手里，即由部门管理者根据部门员工的切实情况制定报酬。

所有企业在薪酬或人力资源管理方面均可能发生与格雷欣所见类似的情形，实际生活中的例子亦屡见不鲜。由于企业在薪酬管理方面没有充分体现"优质优价"原则，高素质员工的绝对量尤其是相对量下降——这一方面表现为对自己薪酬心怀不满的高素质员工另谋高就；另一方面亦表现为企业外高素质人力资源对企业吸纳诉求消极回应，这一般会导致企业低素质员工绝对量，尤其是相对量上升——一定数量高素质员工留下的工作岗位，需有更多低素质员工填补时尤其是这样。这还只是薪酬管理"格雷欣法则"刚启动时的情形。

我们当然不能将所有高素质员工的流失都归结为"格雷欣法则"惹的祸。有时，高素质员工流失是由于用非所学；有时则由于个人的价值取向与企业主流文化存在难以弥合的差异等。但确有相当一部分高素质员工的流失，是由于薪酬或人力资源管理"格雷欣法则"的作用。

在薪酬上，一方面人力资源本身千差万别；另一方面薪酬更为丰富多彩。因而，企业在员工的薪酬管理方面的"格雷欣法则"有诸多具体表现：

1. 在同一企业，由于旧的人事与薪酬制度惯性等，一些低素质员工的薪酬等于甚至超出高素质员工，从而导致低素质员工对高素质员工的"驱逐"。

2. 在同一企业，由于旧的人事与薪酬制度惯性等，虽然高素质员工的薪酬超出了低素质员工，但与员工对企业的相对价值不成比例。现阶段，这是低素质员工对高素质员工"驱逐"的一般情形。

面对以上两种情况，企业要想遏制"格雷欣法则"需要做到：

1. 须有新的薪酬观。对所有企业来说，均须将员工薪酬的提升看做是员工素质提高、企业兴旺发达的重要标志，这是因为，如果处理得当，薪酬提升可以启动员工素质提升与企业效益提高的良性循环。

2. 将薪酬调查作为企业薪酬管理不可忽视的环节。尤其注重对企业核心员工的薪酬调查。不仅要了解竞争性企业核心员工的薪酬水平，对其他行业核心员工的薪酬水平亦应有较为广泛的了解。

3. 判定员工薪酬水平高于或是低于市场观念。将市场薪酬水平作为员工薪酬水平判定的参照数。

4. 为员工提供有竞争力的薪酬，使他们一进企业便珍惜这份工作，竭尽全力，把自己的本领都使出来。支付最高工资的企业最能吸引并且留住人才，尤其是那些出类拔萃的员工。这对于行业内的领先企业，尤其必要。

5. 重视内在报酬。除了工资、福利、津贴和晋升机会等外在报酬外，还有基于工作任务本身的内在报酬，如对工作的胜任感、成就感、责任感、受重视、有影响力、个人成长和富有价值的贡献等。内在报酬和员工的工作满意度密切相关，对那些知识型员工来说，尤其如此。

因此，企业组织可以通过工作制度、员工影响力、人力资源流动政策来执行内在报酬，让员工从工作本身得到最大的满足。

6. 收入和技能挂钩。建立个人技能评估制度，以雇员的能力为基础确定其薪酬，工资标准由技能最低到最高划分出不同等级。这种评估制度的最大好处在于：员工会因此较多地关注自身的发展。

畅销书《执行力》的作者大卫·伯恩说，常见的工资支付方式有计时、计件、包工三种。这些方式各有利弊，其效果取决于工作性质和管理人的能力。支付方法和报酬率有赖于管理部门的能力和才智，工人的热忱和车间的平静气氛也在很大程度上依赖于它们，如果运用得好，便可激励员工的干劲。所以，企业在对员工执行薪酬制度时，应遵循以下几点原则：

1. 公平性原则。部门职工对工资分配的公平感，也就是对工资发放是否有公正的判断与认识，是部门在设计工资制度和进行工资管理时首先需要考虑的因素。这里的公平性包括三个含义：本部门工资水平与其他同类部门工资水平相当，本部门中同类员工工资水平相当，员工工资与其所做贡献相当。

2. 激励性原则。根据优劣情况，在部门职工的工资水准上，适当拉开差距，真正体现按贡献分配的原则。平均主义的"大锅饭"分配制度的落后性及其奖懒罚勤的负面作用，人们分析得已经很多了，这里不再赘述。

3. 经济性原则。提高工资水准，固然可提高其竞争力与激励作用，但同时不可避免地会导致人力成本的上升，所以工资制度不能不受经济性原则的制约。不过企业人力资源主管在考察人力成本时，不能仅看工资水平的高低，还要看职工所能取得的绩效水平。事实上，后者对企业产品的竞争力的影响，远大于成本因素。也就是说，员工的工作热情与革新精神，对企业在市场中的生存与发展起着关键作用，若过多计较他们的工资给多给少，难免因小失大。

总之，合理的薪酬制度是充分发挥员工积极性的重要手段，是树立高度的工作责任感，以及推动目标执行到位的重要保证。

管理需要人性化，制度必须严格化

纪律是一切制度的基石，组织与团队要长久存在，其重要的维系力就是执行团队纪律。

如何维护制度的权威性是每个管理者都必须要面对的问题。这首先管理者要带头遵守，尊重制度的权威性。其次要让全体成员明确制度内容，让他们看到"没有规矩"的后果，该奖则奖、该罚则罚，以保证政令畅通，落实到位。

也就是说，在管理中，我们不能只求做个老好人，要严、严厉、"不讲情面"，管理团队就要这样。因为从某种程度上讲，任何团队要想让组织高效运行，就应该执行严格的管理政策，管理者就要以"铁手腕"严格执行既定的规章制度。

咱们中国还有句老话"国有国法，家有家规"，我们制定出来的各种规章制度，不能只是纸上谈兵，如果是这样，那要它有何用？所以手软是绝对不行的，它达不到你想要的效果。在这方面，英特尔的管理层为我们做出了很好的表率。

英特尔从创立开始就非常强调"制度"，处处都有清楚的规定，每天早上的上班制度，就是最明显的例证。在英特尔，每天上班时间从早上8点整开始，8：05分以后才报到的就要签名在"英雄榜"上，背负迟到的"罪名"，即使你前天晚上加班到半夜，当天上班时间仍是上午8点。这和20世纪70年代嬉皮盛行、个人享乐主义凌驾于一切的美国有些背道而驰，可是却延续至今，始终如一。

英特尔整个公司的管理制度都很严明，从制造、工程到财务，甚至行销部门，每件事情都有清楚的规范，人人都以这些规范来作为自己工作的准则。许多公司重视人性化管理，以重视员工为口号，只有英特尔强调制度胜于一切。这种注重企业自主管理的经验和方法，使英特尔的企业文化独树一帜。

大家看，这就是执行力的作用。只不过时至今日，仍有很多做管理朋友认为"制度就是那么一回事，没有必要去较真"。但事实是：你不较真，他们就不认真！这几乎是世界上所有动物的一种惰性——他们没有了威胁，就会散漫起来。基于此，西方管理学家曾提出一个"热炉法则"，它的实际指导意义在于，当有人在工作中违反了规章制度，就像去碰触一个烧红的火炉，一定要让他受到"烫"的处罚。

这与奖赏之类的正面强化手段相反，属于反面强化手段，但其目的殊途同归，都是为了使下属更好地发挥自身的潜能。对于我们这些管理者而言，参考一下"热炉法则"有四大惩处原则是很有必要的：

1.预警性原则

热炉通红，就摆在那里，只要不是傻子，不用手去摸就知道炉子是热的，会烫伤人。这通红的"火炉"就好比纪律法规，是一柄时刻悬在团队每一名成员心头上、闪着寒光的"达摩克利斯剑"。纵然是我们这些管理者，虽权力在握，但也不可忘乎所以，必须对法则慎独慎微，让下属看看，让他们知道你也在时时想想那通红灼人的"火炉"，这样从上到下，谁都不敢为所欲为了。

2. 必然性原则

当有人触摸热炉时，无论是谁、采取什么的方式触摸，都肯定会被烫伤。换而言之，团队中的任何人，只要触犯了制度中的明文规定，就一定要受到处罚，这一点我们绝不能手软。事实上有时候，"树上有一只鸟被打死，其他九只鸟却吓不跑"。这些"菜鸟"就是抱着一种侥幸心理，以为自己摸了"热炉"，不一定会被灼伤。要抑制这种现象，我们必须彰显出制度法规约束力的绝对权威，使那些贪婪之人，掂量掂量炙热"火炉"的温度，他们也就不敢伸手了。

3. 即刻性原则

当有人碰到热炉时，立即会被灼伤。在管理中，惩处必须在错误行为发生后及时进行。"刑罚不时，则民伤；教令不节，则俗弊"。要想铲除腐败之癌，"除恶务快"是很重要的一环。

4. 公平性原则

"热炉"没有任何"弹性"，无论什么人，无论何时何地，只要触摸了"热炉"，都会被烫伤。"伸手必被捉"。只要做到"不辨亲疏，不异贵贱，一致于法"，除恶务尽，有邪念者就不敢再去触碰"热炉"了。

"巨壑虽深，兽知所避；烈火虽猛，人无蹈死。"看来，我们这些做管理的人，必须充分发挥"热炉法则"的巨大威力，使"作奸犯科"真正受到惩处和震慑，这样教育才有说服力，制度和监督才有约束力。那么在制定规章制度时，还有哪些问题不能忽视呢？

不过同时我们也要搞清楚，"不手软"并不等于滥施权力、粗暴蛮横地对待下属，一味显示自己的威信。我们对待下属，无论怎样严厉，都要讲一个公道，在处罚时要有条、有理、有根据，甚至要向他们解释清楚团队为何要制定这条规章，为何要采取这样一个纪律处分，以及我们希望这个处分能够产生什么样的效果。我们要知道的是，执行任何的规章制度，目的都是为了维护良好的秩序，而不是处罚本身。因此，你应该向你的下属表示你对他的信任和期望。在对违反规定的员工处罚完以后，要肯定他的价值，以向上的激情去鼓励他，以消除他对处罚的怨恨和郁闷之情。

此外还有一点需要提醒大家注意，很多朋友也许认为"这些规定谁都知道，没有必要整天把制度挂在嘴边"。事实上我们不能这样想，要知道，那些新来的团队成员，甚至有些老员工，直到自己违反了某项规定，才恍然大悟，才知道原来还有这样的一条规定。因此，加大对制度的宣传、学习，也是十分必要的。

当然了，作为管理人员，我们自己更应该明白以身作则的重要性。如果你没有这样做，那你就是在向其他人表示，制度只不过是一种摆设。这不是搬起石头砸自己的脚吗？

第 二 章
文化和战略，是企业做强做大的绝对前提

　　任何一个团队，想要发展壮大，都必须有自己鲜明的特点，必须有支撑团队发展的经营个性，这就是文化和战略，它是创造团队凝聚力、强化团队竞争力的绝对前提，是团队能否做大、做强、能否长远发展的决定性因素之一。

组织结构优良，团队战斗力才强

组织结构是公司赖以存在的骨架，是命令得以传布的渠道，组织结构不健全，管理者就无法使其指挥发生功效。

一个人受其能力所限，所能指挥的人员必定有一定的限度，直接管理 4 ~ 6 人为宜。

日本著名管理专家山本成二就提出，主管的要素有三：人为；目标的贯彻；各自的自发行动。

所谓"人为"，意思是指附加于人的行动，"为了有效地发挥组织的力量，必须适当地限制部下的自由意志"。

管理者必须明白，领导力就是建立在这种冷酷的事实之上，而且必须了解到，意志的自由不愿意受到限制，此乃人类的本能，所以应该尽可能减少这种限制，进而减少这种限制对部下产生的心理上的刺激。

因此，管理者应该多运用积极的刺激，而不能用消极的刺激，以使部下不至于产生意志的自由受到限制的不愉快的感觉。

这一点，可以说是管理者领导成功与否的关键所在。

以平常人而论，如果桌上摆三四部电话，尚可以应付得来，如果超过了六部电话，连哪一个在响大概都分不清楚。

同样，如果要使数人同时运作，就得适当地加以分组。以一个 2000 人的公司为例，可以分成 5 个部门，一个部门又可以分为 4 个司，一个司又可分 5 个股，每股之下再分 4 个组，这样最小的组织单元就仅有 5 个人。适当地把权责委任给各部门经理、主任、股长、组长，那么指挥两千人，就如同指挥 4 ～ 5 个人一般轻松。

军队的组织常采用三三制，这样的组织最容易指挥，办公室、工厂自不必像军队那么严谨，可以稍为放松些。

比如说，一个工长如果管理 20 名车床工的话，他可以把他们分为 3 个组，自己只需指挥 3 个组长即可。

指挥的人数与号令、命令、训令之间有很大的关系。体操的号令，只要通过麦克风，一个人就可以指挥几万人，因为集体操的动作都一样。

如果每个人的动作各不相同，也就是说对每个人都得下不同的号令时，那么能够指挥的人数顶多就是 3 人，而且 3 人就足以让管理者手忙脚乱了。

而训令的方式只在于表明意图，实行的方法采用放任为主，所以是一种能指挥最多的人数的方式。

至于编组中的个人，必须只接受一人的命令进行动作。如果有两位上司的话，他们同时下了不同的命令，就会使受令者难以适从。

因此当适当的组织结构健全之后，各级领导就必须尽量避免越级指挥，也不允许下级随意越权上报。

举例来说，厂长最好不要越过各车间主任而直接命令工长，而且还要避免同级的两个部门同时对一个下级单位发布命令，因为一旦这些命令是相互冲突的，那么组织的工作就会发生混乱。

总而言之，组织结构说到底就是实现企业目标的一种手段，必须服从和服务于企业目标的实现；健全组织结构的内涵是人们在职、责、权等方面的划分与相互联系，从而形成一定的组织体系。这一点很重要，我们一定要做好。

领导者战略眼光决定团队生死存亡

一个成功的领导者，领导能力、管理能力以及高度的责任心都是不可或缺的基本素质。不过对于现代企业而言，创新精神和战略眼光是领导者更应该具备的素质。经济市场的变化非常迅速，各种业务和产品也在不断推陈出新，这就需要领导者具备高度的战略眼光，为企业"量体裁衣"，制定适合的战略，同时还要及时把握和推进产品与技术的创新，才能带领企业走向成功。

在管理学上流传着这样一个故事，说的就是远见对人的影响，很是耐人寻味。

有3个年轻人结伴同行，去寻找发财的机会。在一个偏僻的山镇，他们发现了一种又红又大、味道香甜的苹果。由于地处山区，信息交通都不发达，这种优质苹果仅在当地销售，售价非常便宜。第一个年轻人立刻倾其所有，购买了10吨最好的苹果，运回家乡，以比原价高出两倍的价格出售，这样往返数次，他成了家乡第一名万元户。第二个年轻人用了一半的钱，购买了100棵最好的苹果苗运回家乡，承包了一片山坡，把果苗栽种，整整3年时间，他精心看护果树，浇水灌溉，没有一分钱的收入。第三个年轻人找到果园的主人，用手指指果树下面说："我想买些泥土。"主人一愣，接着摇摇头说："不，泥土不能卖。卖了还怎么长果子？"他弯腰在地上捧起满满一把泥土，恳求说："我只要这一把，请你卖给我吧？要多少钱都行！"主人看着他，笑了："好吧，你给一块钱拿走吧。"他带着这把泥土，返回家乡，把泥土送到农业科技研究所，化验分析出泥土的各种成分、湿度等。然后，他承包了一片荒山坡，用整整3年的时间，开垦、培育出与那把泥土一样的土壤。然后，他在上面栽种了苹果树苗。

现在，10年过去了，这3位结伴外出寻求发财机会的年轻人的命运迥然不同。第一位购苹果的年轻人现在每年依然还要购买苹果，运回来销售，但是因为当地信息和交通已经很发达，竞争者太多，所以每年赚的钱很少，有时不赚甚至赔钱。第二位购买树苗的年轻人早已拥有了自己的果园，但是因为土壤的不同，长出来的苹果有些逊色，但是仍然可以赚到相当的利润。第三位购买泥土的年轻人，他种植的苹果果大味美，和原苹果相比不相上下，每年秋天引来无数竞相购买者，总能卖到最好的价格。

这说明了什么？说明一个人的思想有多远，他就能走多远！管理也是一样，在一个团队中，只有领导者能够看清机遇，指明方向，他的这群手下才能顺着方向走向远方。

事实上，我们只要稍加留意就会发现，那些成功的领导者都是卓有远见的。微软公司之所以能够成为今天这个行业霸主，与其总裁比尔·盖茨具有远见的领导力就是密不可分的。在微软的历史上，比尔·盖茨曾两次凭借先行一步的深远谋略令对手胆战心惊。第一次是在1975年，他预言电脑将进入每一个平民家庭，微软由此开发出第一个远见计划的标志性产品——Windows95；第二次是在1998年，比尔盖茨预见，在未来网络会变得越发重要，而PC不再只是孤立的存在，它将成为联贯网络的一系列设备中最重要的一种。当然，比尔·盖茨不只是说说，他是个实干家，他付诸了行动，最终证实了他独特远见的伟大成功。

做企业要有远大的眼光，要配合时代的需要。只有这样，你才能成为一名称职的和优秀的领导者。一个管理者能否引领团队走向更好的道路，关键就在于他是否能够把握未来发展趋势，看清前进方向，对未来变化的走势、进程和结果做出正确的超前判断，从而趋利避害，抢抓机遇，掌握竞争的主动权。

要具备这种领导力，管理者首先就要让自己成为思想者和战略家，需要充分利用团队资源，主导制定生动的规划蓝图，为你的员工提供清晰的发展方向。其次，我们还要成为这个领域的专家，对存在的机会与趋势、行业发展的脉搏、团队资源的现状做到心中有数，明确创造性和可能性。如此，如何实现远景规划的战略已经基本设定，接下来，我们就要具体到事实行为上。我们需要致力于培养整个团队的洞察力、判断力、预测力、决断力。如果你以及你的手下洞察到了问题，又能及时付之于行动，你们就能够占得先机，这就是有远见，它会为你的团队带来的超额收益，你们的远见最终输出的将不止是一幅令人激动的图画。

不过，我们必须意识到，将远见变成现实不是一蹴而就的事情，它是一个过程，甚至可能很漫长。这与一次长途旅行颇为相似，在我们决定要外出以后，首先就要确定目的地，没有这个目的地，就不可能规划出最合适的旅行路线。当然，我们还要估算一下自己的资源，看看你所拥有的资本是否足以完成这次旅行，如果不能，那么量力而行。也就是说，实现自己的远见是要付出牺牲的，一般而言，离它越远，代价就越大，作为领导者，我们一定要把握好这个平衡。

团队文化并不是管理者自己的文化

在新时代中，决定团队兴衰成败的，不是资本的竞争力，而是文化的竞争力。优秀的团队文化是指导和约束团队行为的价值理念，是团队管理的灵魂，是团队发展到一定时期，在团队管理水平不断提高基础上的必然产物，是团队向更高层次发展的内在要求，是推动团队发展的内驱动力。它不是游离于管理体制之外的，其本身就是管理体制的重要组成部分，更是领导者管理理念的直接反映。

不可否认，如今，很多管理者都认识到了团队文化对于团队发展的重要意义，但仍有很多朋友对于团队文化的认识存在误区。他们认为，团队的文化就是自己的文化，自己设定一个什么样的文化、什么样的制度，团队成员就应该照葫芦画瓢。不管这个瓢是圆是扁，作为下属只管照样子画就好了。如果有什么疑义，那就是对自己的不忠、对团队的不忠，就该受到惩罚，甚至应该走人下课。

这种专制主义带来的后果是什么呢？毫无疑问，保住饭碗、保住薪水是团队中每一个成员的基本想法，因此，对于这种强制性的团队文化，他们都是敢怒而不敢言，长此以往，团队就形成了以领导文化为核心的奴化式的团队文化。在这样的团队里，把大家"凝聚"在一起的共同基础不是真正的精神内核，不是共同的愿景目标和价值观，而仅仅是薪水而已。

很难想象，这样的团队文化能给企业带来多少凝聚力和创造力。没有了凝聚力的团队还能坚持多久？还能走多远？

优秀的团队文化是这样的，它应该得到全体成员的认同，而每一名团队成员都应该是团队文化的创造者、完善者和体现者，而不是被动的承受者。如果说，团队文化仅仅停留在口头或者纸面上，仅仅依靠严格的规章制度来强制下属遵守，那是不能称其为团队文化的。

作为管理者，我们必须认识到，文化与制度的区别就在于，制度往往是下属的对立之物，而文化则超越了制度的对立，成为下属的自觉之物。制度是一种强制力，而文化是一种更为强大的自然整合力。

文化的根本标志在于它的自动整合功能，它强大得无需再强调或者强制，它不知不觉地影响着每个人的思想和精神，从而最终成为一种自觉的群体意识。只有达到这种程度，一个团队的价值理念体系才可能被称之为企业文化。

那么，我们要如何才能做到这一点呢？我们来看看下面这件趣事，或许能给大家提个醒。

据说有一教官向一班学员讲授领导与管理的不同，他给学员出了一道题目："现在由你来领导本班，让大家全部自动走出室外，切记！要大家心甘情愿！"

第一位学员不知道怎么办才好，回到座位。

第二位学员对全班的学员说："教官要我命令你们都出去，听到没有？！"全班没有一个人走出室外。

第三位是这么做的："大家都听好了，现在教室要打扫，请各位离开！"但仍然还有一部分人留在教室内，值日生在待命扫地。

第四位看了纸片上的题目一眼后，微笑着对大家说："好了，各位，午餐时间到了，现在下课！"不出数秒，全教室的人都走光了。

这是每一名管理者都应具备的智慧——让别人为自己做事，而且是心甘情愿，该怎么说、如何说，都是一门艺术。用权威来压人或者讲大道理来说服，都不会收到好的效果。只有将自己的目的和对方的意愿或者切身利益结合起来，才能得到双赢的结果。

换而言之，对于一个团队而言，要想让所有人都能全心全意地热爱、信仰、遵从团队文化，最好的办法不是强制其全盘、被动地接受，而是让他们参与进来。只有他们自己参与了，有关他们的切身利益、自身目标和企业的利益、远景目标达成一致了，他们才会心服口服，认同团队文化。

大家不要把这想得有多麻烦，其实，建立有凝聚力的团队文化并不难，其真经就 10 个字：平等、尊重、信任、合作、分享。

具体实施起来，首先，我们要努力在组织和员工之间建立起一种长期的相互信任和相互依赖的关系。以长期雇佣为出发点，以外部劳动力市场为依托，强调对成员个人能力的培养与开发，重视客观公正的绩效考核，注意保持报酬水平和报酬差别的公平合理性，强化组织与成员之间的互利合作意识以及一般成员的参与意识，才能得到他们的信任并最终留住人才。

　　其次，在各项具体的人力资源管理政策与实践上，注意积极推动团队的文化建设。主要包括：

　　1.组织在制定每一项人力资源管理政策和制度的时候，都必须树立"人高于一切"的价值观，并坚持将这一观念贯穿团队的所有人力资源管理活动之中。团队及其管理人员必须承认，人才是企业最为重要的资产，他们不仅值得信任、需要被尊重和公平对待、能够参与决策，而且每个人都有自我成长和发挥全部潜力的内在动力；

　　2.努力贯彻以价值观为基础的雇佣政策。团队在招募和挑选新成员时，就应当注意执行以价值观（即符合团队文化要求的价值观）为标准的雇佣政策。利用精心组织的面谈等手段判断和确定求职者的价值观（如追求卓越、合作精神等）与团队的主导价值观是否一致；

　　3.为人才提供就业保障和相对公平合理的报酬。首先，团队尽量避免因外部原因随意解雇成员，从而为他们提供一种长期的工作机会。其次，团队为成员提供包括高于市场一般水平的工资奖金和额外福利在内的一整套报酬，并且使他们有机会分享团队的利润。这两个方面的内容都是要促使他们将自己看成是团队共同体中的一员；

　　4.通过工作组织形式的调整和参与管理，在团队成员中创造一种团结合作和共同奋斗的价值观。这包括：建立组织与成员进行双向沟通的正式渠道和成员参与管理的办法，确保每名团队成员受到公平对待，并切实保障他们享有参与管理的机会；

5.制定各种人力资源开发计划，努力满足团队成员的各种自我实现需要。不仅保证他们有机会在工作中充分发挥自己的技艺和能力，而且为他们提供长期发展的机会，注意从长期职业生涯的角度来帮助他们设计、实践个人的职业目标。为此，我们这些管理者应致力于广泛运用工作轮换、在职以及脱产培训、内部晋升、组织团队、绩效评价以及职业生涯设计等各种手段来帮助他们进行自我提高和自我发展。

当团队文化建立起来，团队全体成员的价值观也就达成了一致，进而改变落后的、消极的思维方式和工作模式。于是，虚转化成了实，转化成了无往不胜的战斗力。

管理者要扮演好精神牧师的角色

如果领导者不知道怎样去鼓舞并带领自己的员工冲击巅峰，那么这个团队就会陷入绝境。我们一再强调信念和精神的力量是巨大的，这一点毋庸置疑。就拿一个球队来说，技术最好、个人收入最高的球队不一定能取得胜利。竞技场上的最后赢家往往是那些有着强烈的求胜欲望和坚定的取胜信念的球队。所以对于我们这些管理者而言，信念管理是一个当务之急。

信念管理是基于彼此信任的基础上建立的一种领导模式。何谓信念？信就是相信，念就是观念，你一定要相信自己的观念。但现在的人已不容易去相信一件事或一个人了，更不要说相信一个观念一辈子的事。什么是相信？相信应是内在、没有根据的，就因为想要达成，才会有一个动能出来，而观念就是激励你朝目标、理想迈进的原动力。

"阿里，干掉他！"——这句话曾一度在微软公司风靡一时，甚至成为了一种口号。为什么会这样？其中有一个很经典的故事。

2000年微软年度报告会上，史蒂夫·巴尔默用讲故事的方式使聚集在一起的3000多士气低落的员工齐声高喊："阿里，干掉他！"当年，正是在这种排山倒海般的呼喊中，拳王穆罕默德·阿里赢得了他最著名的一次胜利，从乔治·福尔曼手中夺回了世界重量级拳击冠军。

当时，微软处境非常危险。司法部正在因公司涉嫌垄断而对其进行调查，很多员工都担心微软会解体。焦虑和担心笼罩了整个公司。甚至有传言说，曾有微软的员工遭受过一些一心想要"通过自身的行动弘扬正义"的人们的言语和身体攻击。在此之前，微软人为自己衣服上和电脑箱上的微软标志感到骄傲和自豪，而现在，不管是在公司里还是在公司外，这些显示对公司忠诚的外在装饰很少能见到了。让情况更为严峻的是，微软的竞争者们也威胁要削弱微软的市场统治地位。这些来自四面八方的威胁使公司的士气和竞争精神深受打击。

在那次报告会上，巴尔默首先播放了拳王阿里的那场里程碑式的比赛片段，在那场拳击赛中，阿里战胜了自己最强劲的对手。然后巴尔默用讲故事的方式向人们传达了自己对微软的信念，告诉众人他认为微软所能够展现出来的品质是勇气、灵感、责任、冲劲。没人能抵挡他故事的影响力。他热情而雄辩地指出，现在的问题不是我们有没有可能获胜或者是不是有能力获胜，而是我们有没有坚定的决心去夺取胜利！这让当时坐在那个阴冷的礼堂中的每个人都深受鼓舞，并触动了他们的心灵。这样一种魔鬼般的决心与信念使每个人在离开礼堂的时候都充满了一种不可战胜的斗志。从那时起，"阿里，干掉他！"就成了微软员工间秘密的打招呼用语。很明显，在这次会议之后，你很难再找到一个不会尽心尽力、全力以赴工作的微软员工。

最终的结果显而易见，微软有惊无险地渡过了这一难关。当然，我们不能说是巴尔默对微软的信念起了作用。但是，我们回过头来想想，如果没有管理者们的那种撼动人心、坚不可摧的信念，微软即使能够渡过危机，可它又能发展到今天的这个样子吗？显然是不可能。

信念之于团队，就像军队的军旗，只要军旗屹立不倒，战士就会奋勇向前，旗手将军旗插到那里，战士们就能打到那里。换而言之，一个团队领导及其下属成员心中共同的目标有多高、信心有多足、恒心有多强，就决定了该团队的发展速度有多快、事业能走多远。信念虽然不等于成功，但信念确实可以为团队的成功逢山开路、遇水架桥。

我们看到，不少团队也很勤奋，团队成员也很优秀，但成绩却总是不温不火，有些甚至不得不分道扬镳。为什么？就因为他们缺少信念，缺少对突破困境的强烈渴望，缺少对成功的强烈渴望。倘若他们能够心怀信念，又会是什么样子？结果一定要好的多。大家可以想想，朝鲜为什么能进巴西一个球？为什么原本想要看笑话的人反而会为朝鲜队呐喊助威？因为这个团队让我们看到一种信念，一种精神……以前《士兵突击》中的许三多为什么那样火？同样是因为他让我们看到了一种信念，信念这东西，或许恰恰是现代社会极为稀缺的。

所以，我们更应该带领我们的团队，将目标和理想看成是终生的追求，这样团队就不会失去动力，也不会随着时间的推移动力却慢慢地减小了。

借共同目标之力统一团队整体步调

没有目标的团队只能走一步看一步，处于投机和侥幸的不确定状态之中。显然，这是每一个领导者一生也难以抹去的耻辱。所以说，为团队设立一个清晰明确的目标，这是我们当前的首要任务。

目标之于团队到底有没有这么重要？你可能还带有这样的疑问，那么，我们不妨一起去看看沃尔玛的发展历程，相信你就会有所改观。

山姆·沃尔顿创立第一家廉价商店以后，他的第一个目标是——5年内成为阿肯色州最好、获利能力最强的杂货店。要实现这个目标，他的店销售额必须增长3倍以上，从年销售额7.2万美元，增长到25万美元。结果在所有员工的努力下，这家店达到了目标，成为阿肯色州和附近5个州获利能力最强的商店。

　　沃尔顿继续为他的公司制定清晰的目标，十几年以后，他定出的目标是——在 4 年内成为年销售额 1 亿美元的公司。

　　很显然，这个目标又实现了。不过，他的目标仍在继续，而且也在不断实现着。于是，我们看到了今天这个享誉全球的零售业巨头。

　　其实不止是沃尔顿，那些优秀领导者都会为自己的团队制定清晰而准确的目标。又比如说通用电气前总裁杰克·韦尔奇，他刚刚当上公司 GEO 时制定的目标是——在我们服务的每一个市场中，要成为数一数二的公司，并且改革公司，使其拥有小企业一般的速度和活力。我们知道，这也实现了。

　　大量的管理案例已经向我们证明，清晰、具体的目标之于团队而言，就是海航路上的灯塔，这个灯塔如果一直明亮地立在那里，那么我们的团队之舟就能满载而归；相反，如果这个灯塔忽明忽暗，或者说干脆灭掉，那我们不仅无法靠岸，甚至还有触礁的危险。

　　换而言之，我们的团队需要一个明确的目标，只有当目标确定以后，你及你的团队才知道向哪个方向行进。目标不明确，这会令你的团队成员无所适从，你想让他们心甘情愿地做事，就要让他们明白自己在做什么、为什么而做、这样做的结果又是什么。通常情况下，团队成员往往会因为完成了某个明确的任务，自然而然地生出一种自豪感，他们为了进一步满足这种自豪感，会更加卖力的而工作，大家想象一下，那将是一种什么样的场面？

　　不过，我们也不要高兴的太早，这里还有一个问题——共同的目标建立以后，大家能不能形成统一的步调。什么是统一的步调？具体到行动之中，就是行动的方案选择。一般而言，要达成一个目标，会有很多种方案可供选择，因为每个人看问题都有独特的视角，所以即便是在相同的目标之下，大家所选择的行动方案也会有所不同。

很多团队在组建之初，都是情比金坚、无比团结的，但随着团队的做强做大，就出现了分歧，严重者甚至分道扬镳，这很大程度上就是因为大家的步调无法达成一致。其实对于大多数团队而言，目标一旦确定以后，是不会轻易改变的，但是随着行动的深入，大家在选择到达目标的路径时就极有可能出现分歧，于是你走你的路，我走我的路，虽然目标统一——都想把团队做大，但在这种情况下又谈何容易？

想必大家都知道一度传的沸沸扬扬的"柳倪之争"。他们的争端就是这样，一开始显然没有目标上的分歧，二人的目标是一致的，就是想把联想做强做大。令他们产生分歧直至不欢而散的，正是路径选择上的不同。柳传志想要带领联想走"贸工技"的道路，而倪光南则想带领联想走"技工贸"的道路，二人互不相让，才最终导致了两个人之间的权力斗争。

很明显，这只是一种战略上的分歧，路线上的争斗。其实仔细分析那些曾经闪亮一时、后来散了伙的团队我们就会发现，他们很少是因为权力斗争而分手的，大多数都是源自于战略选择的差异。而这种差异，确实能够毁掉一个团队的辉煌。所以，作为一个团队的领导者，我们若是真心想把它带的更加优秀，仅仅统一团队的目标还不够，还要统一团队成员的认识，统一他们的行动，如果说你做不到这一点，那么只能说你还不够称职。

不过，这也并不是说要你动不动就开除异己者，那是什么管理？

那是暴政！更何况，如果你是最高领导者，你或许还有这样的权力，但如果说朋友，你只是个部门领导呢？如果说你上面还有一些管事的人呢？如果说你要裁掉的人和他们有裙带关系呢？后果想必你是知道的。

再者说，每个团队在组建的时候，肯定都在成员数量方面做过规划，基本上都是一个萝卜一个坑，这样做既可避免人浮于事，又不会因人力匮乏而影响工作进度。如果说你大手一挥，凡是持反对意见者统统拿下，那么势必会给团队的正常运转带来很大影响，相信这也是我们所不愿看到的。

既然不能用杀手锏，又不可避免地存在统一目标下的行动分歧，那我们该怎么办？很简单，我们可以用沟通化解这个问题，这是每一个合格领导必须掌握的功课。你如果不去沟通会怎样？很可能有团队成员因为持反对意见而产生抵触心理，甚至故意不将自己的分内事做好，让你的方案出岔子，以此证明他的正确性。这个时候，你就得把各种方案摆出来，让你的组员共同来讨论每一个方案的利弊，最后选定一个大家都认可的方案。你要晓之以理、动之以情，用事实说话，才能让持反对意见者从内心里接受你的看法。

我们必须认识到，在一个团队里，有没有足够清晰的目标，目标确立以后路径能否统一，会直接影响这个团队的成败，因此，你必须花心思去关注这一点，并竭力使每一个人都走在同一条轨道上。

让每个人对企业愿景都有一分真心期待

伟大的愿景是先于伟大事业的成就。

一个成功的团队应给是用一颗心脏跳动的。一个团队若想走得长久，就必须清楚自己的目的地在哪，必须知道自己为什么要去那里。当团队中每一名成员都确信，自己的努力是为了达成一项伟大的事业，他们就会全力以赴，他们就能够在自己的工作中获得极大的满足感和成就感。

"2010 年进入世界 500 强"——这是联想人的共同愿景，它激发出了无限的创造力和驱动力，所以，在经济的潮起潮落之中，联想才能始终立于不败之地。

联想总裁柳传志在说到人力资源管理的时候强调一个重要工作，就是建立一支稳定的、高素质的、对企业目标、企业文化有强烈认同感和归属感的员工队伍。企业文化认同对于维护整体、保持战斗力具有重要作用。因此，公司采取几种行之有效的措施来保证员工对企业文化的认同，在员工中形成共同愿景，增强企业的凝聚力。首先，新员工进入联想之后都要接受"模式培训"，深入了解联想的历史、现状，接受企业文化的熏陶。其次，联想人善于通过开会来统一思想，贯彻企业文化和经营理念、决策准则。通过这些朴素而行之有效的措施，联想已形成稳定的企业文化和一支稳固的核心员工队伍。

自创业之初，联想就抱定了"要把联想办成一个长久的、有规模的高技术企业"的信念，并逐渐为自己定下了更清晰的目标——到2010 年力争进入世界 500 强。现在，这个目标已深深根植于每个联想员工的内心深处，它就像一盏明亮的灯，指引着全体联想员工奋勇前进。

同时，柳传志总裁也有着独特的魅力，能够把大家凝聚起来，指引大家向着目标前进。柳传志自己也曾说过：对于联想管理核心而言，最重要的工作就是深刻理解市场运作的规律，认识企业管理的基本规律，并带动各层次的管理者共同认识。建立共同愿景是联想企业文化建设的一个重要环节。

同样的，建立共同愿景也应该成为我们团队建设中的一个重要环节，这一点毋庸置疑。不过需要提醒大家，我们在进行这项工作时，不要误以为它就是个人愿景或是部门愿景的单纯相加。从个人愿景上升到共同愿景这是一个需要循序渐进的过程，如果团队的发展仍旧停留在个人愿景的层面上，那么其简单相加反而会阻碍发展，不能形成一种统一的文化。

我们看到在很多团队，其文化和信仰并没有从上而下地渗透，而是在不同的部门形成了不同的"文化"。每一个上司和主管完全按照自己的风格来确定部门的风格，并且都认为那是最优秀的。事实上，这种"上司文化"、"部门文化"是不可取的，它就只能造就平庸的团队，而像联想这样的伟大团队，它的文化则一定是单一的、统一的。

当然，这也不是说我们就可以完全弃个人想法于不顾，共同愿景应该是由个人愿景汇聚而成，借着汇聚个人愿景，共同愿景才能获得能量。有意为团队建立共同愿景的朋友，必须持续不断地鼓励成员发展自己的个人愿景，这也是团队文化中"以人为本"的思想。如果团队成员没有自己的愿景，那么他们所要求遵从的共同愿景就不会融合他们的个人意愿之中，这就丧失了建立共同愿景的初衷。换而言之，使个人愿景上升为共同愿景，我们就不能大搞一言堂，不能你定下什么就是什么。原因是这样的，愿景通常是治标不治本的，而且不是由一个人愿景汇集而成的，通常这样传统的由上至下的行政性指导很容易导致愿景的破产。

这也就是说，共同愿景不是下属在我们威逼下的服从意愿，而是团队中每个成员发自内心的愿景汇集而成的共同体，这就如同珊瑚虫们都在分泌石灰质，而这些行为有机地结合在一起，才能形成美丽的珊瑚。

而且，共同愿景也不是单一问题的解答。如果仅把它当做单一问题的解答，那么一旦士气低落或策略方向模糊不清的问题解决以后，愿景背后的动力也就跟着消失了，这就使愿景失去了"存活"的能源。

这可能是一个很复杂的过程，大体上说，我们在为团队设计共同愿景之时，还必须要注意以下几点：

1.共同愿景应划分为阶段性景象，以增强团队成员实现共同愿景的信心。共同愿景是一个组织确立的在一定时期内所希望达到的景象，是组织成员为之努力的总目标。在确立共同愿景的同时，应对其进行细化和分解，将愿景根据工作规律和特点划分为阶段性景象，由分景象组成共同愿景。

2. 共同愿景应充分体现个人价值，增强员工的成就感。每个人都希望自己在人生舞台上事业有所建树，才华得以施展，情感得到尊重，这是所有个人愿景都应包含的。因此，对于这样的个人愿景必须鼓励和支持，平等对待成员中的每个人，彼此尊重，相互包容，形成一种快乐和谐的工作氛围。

3. 在建立共同愿景的过程中，管理者应身体力行。一个团队或一个部门，犹如一艘航行于大海中的轮船，作为这艘船的管理者，应成为何种角色，是船长还是舵手，是摆在每一位管理者面前的问题。可以说船本身就像一个组织，如果本身结构设计不合理，再高明的管理者也难以驾驭。

总而言之，若想成为一个合格的管理者，我们必须使团队每个成员都相信团队愿景，而不是把它做成某句裱好了挂在墙上却无人注意的话，或是一个强加的指令。因为，它的能量源于内心，而非外在的强加。

把绩效目标和战略目标紧紧绑在一起

一个团队成功了，受到称赞的往往是团队的管理者，因为团队是在"他管理"下获得的成功，他们总是用一种自豪的语气夸耀："我的企业养活了多少员工……"换言之，成功是管理的成功，员工只是由于管理妥当才得以生存。究竟谁是企业的功臣，谁养活了公司？

李嘉诚的一段话或许值得我们深思："一个企业就像一个大家庭，员工才是企业功臣……说管理者养活了员工是旧式企业的观点，应该说是员工养活了老板、养活了公司。"确实，没有广大员工的苦干，再有本事的老板也是孤掌难鸣。为什么企业的风险要求员工共同承担，而企业的成果就归于管理者一个人呢？这显然是不合理的，员工既然分享了风险，那他们就有权分享成功。

如果评选"最令管理者生厌的工作"的话，"考核"肯定能名列前茅。频繁的考核周期、复杂的表格、繁琐的评价项目、上下级在制定目标时的讨价还价……无一不让管理者头疼。

这种令人生厌的局面究竟是什么原因造成的呢？

究其原因，绩效目标和企业战略相脱节是重要因素。

首先，很多企业盲目追求绩效目标的"全面性"。为了不遗漏目标，企业往往把各种指标都罗列出来，并设计相应的标准进行考核，有的部门承担着 30 多项指标。这种看似周全的考虑，在实践中只会带来两种结果。

一方面，人的精力分散，不能集中在重点目标，尤其是战略目标上。心理学研究证明，人在一个时间段内的心理能量只能很好地关注 7 个左右的单元。目标非常多和没有目标的效果是一样的。

另一方面，人们在多目标情景中，由于不能兼顾，往往会采取"牺牲创新，少犯错误''的行事原则。因此，规规矩矩表现的部门由于没有大的差错，就不会得到太差的评价。

　　仔细研究，追求目标的全面性的背后，有两种假设：一种假设是，员工天生是爱偷懒的，因此需要外部的监控；另一种假设是，对于不考核的内容，员工就不会去做。实际上，员工最反感的就是外部控制，尤其是知识型员工，这种心理更为强烈。另外，企业不能以"考"代"管"，日常的沟通、协调和关键点的控制程序都是必要的管理措施，不能把全部压力都让绩效考核来承担。

　　造成脱节的更重要的一个原因是，绩效目标的来源往往不是企业战略。

　　在很多企业中，无论是部门的绩效目标，还是员工个体的绩效目标，往往来源于往年的习惯和静态的职能界定。

　　基于去年的做法来制定当前的绩效目标，显然是假设环境处于稳定状态，不会有太大的变化。实际上，在这个变革时代，多数行业的环境是动荡的，存在着极强的复杂性、频繁变化性和不可预测性。因此，在制定绩效目标时，一定要基于新的环境要求，而不要过分基于过去的行为习惯。

　　此外，基于静态的职能界定制定绩效目标，往往是不直接承担业务指标的行政支持部门的做法，他们假设部门的职能是稳定的，工作内容也是固定不变的。其实，无论是业务部门，还是支持部门，随着企业战略的不断调整，其绩效目标也是不断变化的。

　　那么，如何解决绩效目标和战略目标的脱钩问题呢？我们可以从平衡计分卡中寻找解决思路。

　　如果我们不能描述一项事物，我们就找不到衡量它的方法。如果不能很好地衡量一项事物，我们就很难有效地管理它。对企业战略而言，也是这个道理。中国的企业家不缺乏战略眼光和思考，欠缺的就是如何把这些想法用清晰的语言和可操作的方法描述出来。

平衡计分卡中强调因果关系链，实际上是企业战略的描述。这种因果关系式的战略描述，使得我们能够对战略进行管理，而不是盲目地跟着感觉走。以戴尔公司为例，以直销模式为核心、提升运作效率是其战略，而只有把这个战略从财务、客户、内部流程和学习与成长四个方面进行定量化描述时，这个战略才能够真正落实。

平衡计分卡中的因果链有两层含义。一层含义是普遍意义上的BSC因果关系链，即员工学习与成长促进内部流程的改善或创新，进而提高顾客满意度，最后影响财务绩效。另一层含义是指和企业价值定位直接相关的因果关系链，是通过从员工学习与成长到财务四个角度之间的层层递进关系来实现这个价值定位的。

平衡计分卡的四个方面只是描述战略的思考模式，只有那些具体的衡量指标才对企业的实际行动有直接的影响力。如3M公司以创新为其战略，在其员工学习与成长方面就会制定出促进创新战略的具体绩效目标，如激励创新的薪酬机制建设等。

当然，由于战略是动态的，企业绩效目标也应不断调整，随战略而动，才能保证绩效目标和战略不脱节。

同时，要敢于大胆舍弃非战略性的绩效目标。

战略最主要的不是选择做什么，而是选择不做什么。绩效目标的设定也是如此，大胆地舍弃非战略性目标是保证战略性绩效目标得以实现的举措。

当然，对企业生存至关重要的目标，虽然不一定体现变动的战略，也仍然应设计为考核目标。

总之，无论是关键绩效指标，还是平衡计分卡，都倡导战略性绩效管理体系的设计。作为"战略性"的体现，最为重要的就是绩效目标和战略目标的紧密结合。这就要求我们务必做到两点：

其一，我们要善于跳出"零和"的圈子，寻找能够实现"双赢"的机遇和突破口，防止负面影响抵消正面成绩。

其二，有必要让员工看到自己的劳动成果，及时与员工分享成功。这种成功不只是给员工带来经济上的利益，也会激发员工的潜力，鼓励员工持续追求进步的动力。

科学决策缺一不可的7个关键环节

决策是领导工作的关键环节，决策能力体现的是管理者的基本功，这就要求我们每一个管理者要在实践中不断提高自己的决策能力。决策者必须具备"眼观六路，耳听八方"的能力，并养成勤于思考，善于抉择的好习惯，这样才能在竞争面前立于不败之地。

那么，如何提高决策的准确度呢？科学的决策程序主要分为7个阶段即7个环节，这7个环节是依次衔接，互相联系，不可缺少的。简化和忽略其中一环，决策都将受到影响。

1. 发现问题。发现问题是管理工作的起点，也是管理者的职责。所谓问题，就是应有现象和实际现象之间存在的差距。通过调查、收集和整理情报，发现差距，确认问题，找出问题的关键所在，从而构成了决策的起点。决策是为了解决现实所提出的、需要解决的问题。没有问题，则不需要决策；问题不明，也难以作出正确的决策。应看到，问题的存在和问题的发现有时并不一致，由于客观事物的复杂性和主观认识上的差异，发现问题并不容易。即使看到了问题，进而要确认它是需要解决的问题，是一件十分严肃的事情。同一事物，有的人认为是问题，有的人则认为不是问题。有的事物，利弊参半，也为我们确认问题增加了难度。

2. 确定目标。问题发现以后，就要确定目标。所谓目标，是指在一定的环境和条件下，在预测的基础上所期望的结果。目标是决策的基础，没有目标，就无所谓决策；而目标选择的正确与否，则直接关系到决策的成败。

但是，目标的确立不能是随心所欲的。一般来讲，它有四个特征：

（1）单一性。目标是单一的，只能作一种理解；

（2）定量性。目标的成果或程度是可以计量的；

（3）明确性。设立目标必须具体明确，目标应当是可以计量成果、规定时间、确立责任的；

（4）目标必须区分主次。当决策目标不止一个，而是多个的时候，领导者就要权衡轻重，列出先后次序，分为"必须达成的"和"希望达成的"目标。

3. 拟订方案。拟订方案就是寻找达到决策目标的有效途径。途径有效与否，要经过比较才能鉴别，因此必须拟订多种可供选择的方案。而且多个方案之间必须要有原则的区别，而不只是细节上的差异。在拟订方案的过程中，应广泛采用各种智囊技术，例如"头脑风暴法"、"哥顿法"、"对演法"等。这些方法尽管各有不同特点，总的要求是尽可能开发创造性思维的方法，鼓励和推动新观念和创造性见解的涌现。

4. 分析评估。制订出各种可行方案之后，接下来就是分析评估，选择一个最有利于实现目标的方案。对所拟订的各个方案，都应从定性和定量两个方面加以分析评估。定性分析主要是直接利用人们的知识、经验和能力，根据已知情况和现有资料，对决策方案作出相应的评价。对一些受社会经济因素影响较大、所含因素错综复杂而多变、综合性较强的战略决策，定性分析尤为极其重要的作用。但这类方法往往主观成分较强、论证不很严密，需要用定量分析方法作补充，两种方法结合起来应用。在分析评估的基础上，权衡，对比各方案的利弊得失，并将各种方案按优先顺序排列，提出取舍意见，送交最高决策机构。

5. 方案选优。选择方案，是决策过程中决定性的一环。这个工作应当由决策者来完成。在这里，决策者通常依据经验、实验和分析，去作最后选择。在对各种备选方案的权衡中，并不一定各个指标都优的就是最好的方案，往往是主要指标较好，而能兼顾其他指标的方案是领导者所要选择的方案。此外，在选择方案的过程中，领导者要认真听取各方面不同的意见，包括一些尖锐的反对意见。因为不少好的方案是根据对立的观点提出的。高明的领导者往往不是在众多方案中选取一个方案，舍弃其余方案，而是善于摄取各种方案的优点和长处，综合出一个最佳方案。

6. 方案实施。制订决定方案的最终目的是为了贯彻实施，实现预定目标。所以，决策制订以后，开始进入实施阶段。当方案选定以后，必须进行局部性试验，以验证其可行与可靠性。如果试验成功，就可以普遍实施。在普遍实施的过程中，要做好四项工作：

（1）编制具体实施计划，把决策方案具体化；

（2）组织动员群众力量，调动群众的积极性、主动性和创造性；

（3）落实责任，建立严格的责任制；

（4）建立检查监督制度。

7. 追踪决策。在决策的实施阶段，由于外部情况的急剧变化，或者由于决策本身的严重错误，原有决策方案在实施中已表明脱离实际，甚至危及决策目标的实现时，就必须对原有方案进行根本性的修正，对此我们称之为追踪决策。因为决策是人作的，人的错误总是难免的，再高明的领导者，也有失误的可能。因此，在进行追踪决策时，领导者要有一定的勇气，敢于承认现实，正视现实，克服阻力，尽可能的减少损失，弥补失误。

按照上述程序进行决策，是现代科学决策的重要方面，实践证明，违反了科学决策的程序，就要犯错误，走弯路。领导者应引以为戒，重视对科学决策程序的学习和研究。

第三章
管理最重要的不是权力，而是影响力

　　一个管理者权威的有无或大小，不取决于职位的高低，而是来自于下级的认可。以高压方式领导和管理下属，对员工吆五喝六，是最丢失威信的做法。现代管理在员工管理之中更注重加入一些叫作"影响力"的东西。

你什么样子，员工都看在眼里

"政者，正也。君为正，则百姓从政矣。"管理者律人之前，先要律己。

事实上，任何一个团队想要获得成功，其领导者都必须是懂得自律的，他们是最严格的自我监督者，无论要求什么，都率先从我做起。这种精神，会在团队内形成极大的感染力，让下属打心眼里服从，这样的领导，其威信又怎会不高？这也正是三洋公司总裁井植薰"欲律人先律己"的精髓所在。

井植薰常说："不能制造优秀的自己，怎么谈得上制造优秀的人才？优秀的管理者才能制造出优秀的人，再由优秀的人去制造优秀的商品、更优秀的自己和更优秀的他人，这就是三洋的特色。"

井植薰这种极度体现自律精神的经营哲学，感染了三洋公司的全体员工。他是这么说的，更是这样做的。自打成为三洋的董事长、总经理的那一天起，他就从来没为自己格外制定什么标准，要求别人做到的，他自己首先做到。对于公司的规章制度，他也是极力遵守，从不纵容自己越轨。例如，当时三洋公司推出的力戒"去向不明"政策，井植薰就带头遵守。当时还没有手机等先进的通讯设备，一旦有什么紧急的事情要找什么人员，而他不在公司也不在家，没人知道他的去向时，往往会误大事。所以，针对这一情况，井植薰要求所有的人员外出，必须让公司知道。井植薰每次外出，必定让公司的其中一个人知道他的去处，即使是私事也不例外。这样，这项制度，就在当时的三洋公司推行开来，全体员工没有任何怨言。

井植薰要求员工尽力为公司考虑。他认为，如果一个职工下班后一跨出公司就只过自己喜欢的生活，那他一辈子也不可能被提升到重要的职位上。员工应该站在更高的层次上来要求自己、完善自己。在这一点上，井植薰也是这样要求自己的。对于他来说，一天除了睡觉之外，其余时间都在考虑公司的事情。

井植薰在教导员工"如何做"时，总是要求自己能率先做到，正像他在一次谈话中所说的那样："管理者如果以为公司的规则，只是为普通员工制定的话，那就大错特错了。它应该是公司全部的人都必须遵守的规矩，包括部门经理、总经理、公司总裁、董事长等高层管理者。如果因为自己是高层领导，下面的事有人代替去做，就以为迟到几十分钟无关紧要，那是绝对行不通的。大家都听过上行下效吧？前面有榜样，后面就有跟随者。这种模仿，长久如此便会造成公司上下的懒散作风，这足以让一个前景大好的公司面临失败的深渊。"

有一次，一位记者问他："您现在年事已高，还以身作则，会不会太累？"

井植薰回答道："再累也得坚持啊！不以身作则，对部属就不可能有号召力和感染作用。我作为三洋的董事长、总经理，在国内有 7 万双眼睛盯着我看，大家都在注视我的行为，我必须得谨言慎行，不能有半点失误。"

榜样的力量是无穷的，员工随时随地都在看着领导。正是井植薰这种以身作则、身先士卒的表率精神，让三洋公司的员工，都不满足只做好本职工作，从而使每一个提升的人，都成为大家的榜样；榜样又严于自律，努力影响着别的员工，使大家都成为"优秀的人"；"优秀的"三洋人，又生产出"优秀的"三洋产品，三洋企业才得以取得辉煌的成就。

事实上，那些真正的卓越管理者，都是像井植薰先生一样，能够通过自己的榜样作用影响别人的，他们会通过这种方式使员工成为自己的追随者，跟着自己冲锋陷阵。他们会以此来鼓舞员工朝着团队的预定目标迈进，给予他们追求成功的力量。

我们需要认识到，下属的一些行为，其实大多是管理者自己做过的。所以，如果我们不希望在员工身上看到哪些问题，那就请先看好我们自己。有句俗话说得好："山羊领导的狮子是永远也打不过由狮子领导的羊群的。"作为管理者，我们不能只满足于分派任务，一定要身体力行、严于自律，才能带领团队突破困境，实现团队的目标。朋友们请记住：己不正，焉能正人？

滥用权力是最不得人心的行为

领导者负有达到企业目标的任务，为了完成任务，他被赋予一种强制别人的力量——权力，它可以用作指示、指导，也可用以纠正过失。权力也是管理者表现自己管理手段的体现，但它不代表一切。无数事实证明，过分保护和依赖权力就会存在私人欲望，就会产生滥用权力的现象，这是对权力价值的破坏。任何权力都有一定的限制和范围，管理者如果硬要突破这种限制和范围，就会形成"权力扩张"，最终会危及企业及员工的利益。

有的管理者不顾员工的立场，总是以强制命令的方式来压制，这是身为管理者所要绝对避免的。因为这样只能徒然增加员工抗逆的心理，而收不到好的效果。

《伊索寓言》中有一则小故事：

一只山羊爬上一户农家的高屋顶上，屋下有一只狼走过。山羊以为自己身居高位，野狼莫奈它何，便骂它："你这傻瓜，笨狼。"于是，狼停下来说："你这胆小鬼，骂我的并非是你；而是你现在所站的位置。"

用这则故事来讽刺上面所述的管理者，真是最恰当不过了。

有一些管理者，尤其是那些升迁快速的管理者，难免会自命不凡

73

而盛气凌人。其实，你的升官很可能只是由于运气特别好，或者按顺序轮到了你，然而，有些人却以为是自己才能及努力所赐，难免产生一种狂妄自大的心理。此种人常以其头衔而自豪，喜欢用权力压人，或妄发言论或任意否决，平日里好管闲事，走起路来神气十足，俨然不可一世。

"年轻人应多学习，像我当年是特别爱动脑筋的。"

"最近人才愈来愈少，愈来愈差劲。"

这种人就喜欢如此数落别人，借以抬高自己的身价。员工们尽管表面上不敢吭声，但内心里着实不是滋味。

有些管理者常常感觉掌握了生杀大权，便想小试剑锋，处理一二个平时看着不怎么舒服的员工。这种特权一旦频繁使用，就会使员工产生不满，抵触情绪加大，反而不利于工作的开展。如果，换位思考一下：假设让员工对管理者的绩效和满意度进行评价会如何呢？如果对管理者的满意度是百分之百，那就是对管理者莫大的支持，更有利于管理者开展工作，员工的工作激情也将如山泉喷涌。

一个真正优秀的管理者，绝不会依靠权力来行事，再说，下属本身也知道要敬重上司，那你又何必处处表现出你的权力呢？管理者若想树立权威，就万万不可过分仰仗权力，因为越想得到、越夸耀的东西就往往离人们越远。如果太仰仗权力，不管什么事都采取强硬手段来压制员工，口口声声说："我说这么做就这么做"，不厌其烦地一再向人们显示自己的权力，就不能使员工信服。

员工本身就有服从的心理，如果领导者一味以这种以上凌下的态度对付员工，即使性格温顺的人也会反感。所以管理者不能借助权力压人，要靠本身的威信使人服从。权力并不是万能钥匙，你不用多表现，大家也知道你是领导。威信比权力更重要，把精力放在建立威信上，效果会更好一些。聪明的领导很少会像封建社会那些专制的皇帝，随心所欲，世间万物为自己一人所支配。他们往往在工作中，通过展现自己，来逐步建立自己的威信，有了威信，大家才信服你。这时，你才具备了无形的感召力，你所做出的决定，才会得到大家的拥护。

随心所欲地使用你的权力，只会使你失去威信；而学会不倚仗手中的权力，建立你的领导威信，才会得到大家的信服。

当然，管理者滥用权力的体现还有很多，诸如以权谋私，以自己的好恶标准去制约员工的个性，故意排挤员工，这都会有损于管理者权力的严肃性和领导的威望。真正的管理者的权力体现是民主集中，

以人为本，那种把员工当做机器或者奴隶的做法，只能使管理者自己陷入管理的败局。

争取人心是管理上的头等大事

平庸的管理者用员工之力，高明的管理者用员工之心。人心，一种令人无法捉摸的东西，却成了虚与实的管理之道的交汇点。

管理者只有争取到人心，才能实现真正的领导。人心是根本，是

管理的关键，如果管理者能够争取到人心，那么一切都会一帆风顺。

对于管理者来说，增强自己的领导力和影响力，激励员工最大限度地发挥出自己的潜能，是非常重要的一件事，因为只有这样才能进行有效的领导，才能促进组织的发展。然而，提高领导力和影响力并非是一件容易的事，很多管理者进行了多种尝试，但收效甚微，这是为什么呢？原因就在于他们进行的是管理而非领导。他们果断地采取严格的制度管理，用僵化的规范和行为标准约束员工的行为，并用呵斥和无情的惩罚维护这一严格的管理体系的运转。实事求是地说，这一体系是有效果的——严厉的惩罚使得每一双"手"都变得听话和顺从了，没有人胆敢违反操作规程，更没有人敢犯错——然而这些效果从另一方面来说又是一种损失，"手"的听话和顺从导致了"心"的违背和背离；不敢犯错同时也意味着创新的乏力。从长远来说，这种管理是失效的，是不利于获取员工的忠诚的，是有碍组织长远发展的。

要想实现卓越的绩效，成就伟大的事业，首先必须正确理解"心之为用大矣哉"这一博大精深的领导智慧，必须争取人心，争取员工的尊敬、忠诚和敬仰。若忽视了对于人心的争取，舍本求末，抛却领导而注重管理，只会导致企业成长的乏力。

"要领导而不要管理"是"全球第一 CEO"杰克·韦尔奇的经典管理理论。他说："新经济时代将不再属于管理人员，这个世界将属于那些热情而有魅力的管理者。我们所需要的正是较之削弱、压抑和控制更善于鼓励、激发和唤起各个层面的人的管理者。很多经理人认为，领导和管理都是相当模糊的概念，要想准确把握并非易事。但在新一轮的市场竞争中，准确界定领导和管理，并使自己成为一名出色的管理者却是每一位经理人必须去做的事。

实际上领导并非一个概念模糊的词语，它与管理的最大区别在于领导是作用于"心"的，而管理则作用于"手"。著名的经典管理著作《领导艺术》一书中有这样一句话："如果人们做事的方式不会因为你的存在而改变，你就没有实施领导。"领导就是通过争取人心而影响他人，借助心灵的力量引导群体活动达成共同目标。

在一部名为《兵临城下》的战争片中，有一段对话准确地诠释了领导与管理的异同。故事的背景是第二次世界大战时期前苏联红军在斯大林格勒与德军展开的殊死保卫战。当时德军势头凶猛，而苏军却节节溃退。苏军元帅在震怒之下，问手下的军官怎样才能守住阵地。

一位军官建议："对所有背叛、逃跑的军官和士兵杀无赦，以此加强纪律。"

另一位军官则说："我们要树立一位英雄来激励他们（士兵），必须给他们希望，给他们勇气，激发他们对祖国的爱，让他们相信我们最终会取得胜利，只有这样我们才能创造奇迹。"

元帅采取了第二位军官的建议，向苏军士兵宣传一位多次死里逃生，以一敌十的战斗英雄。英雄形象的树立为苏军带来了希望，最终击退了德军，取得了战争的胜利。

从本质上看，第一种建议是要加强管理，着重于计划与控制；而第二种建议则是要加强领导，着重于建设远景与激励，获取人心。这两种建议突显了领导与管理的不同。

提升组织绩效的关键就在于获取人心。当管理者以自己的热情、信念、勇气、信心和忠诚博得了组织成员的人心的时候，令管理者头疼的一切问题——诸如员工的惰性、不忠诚、激励乏力等问题就会迎刃而解，组织会变得更有效率，竞争力会大幅提高，事业也会得到长足的发展。

让反对者成为支持者才是王者风范

成熟的管理者都能驾驭反对者，变反对者为支持者，化消极因素为有利因素，让反对者忠心耿耿地听候自己的指示。

一名管理者，他的支持者越多，工作开展起来就越顺利。但不可否认的是，没有人会得到下属百分之百的支持。反对者的存在并不可怕，高明的管理者会以打拉结合的技巧去驾驭反对者，并尽可能地把反对者变成自己的拥护者。

亚历山大与大流士在伊萨斯地区展开激烈大战，大流士兵败以后仓惶逃去。他昔日的一位仆人想法设法来到大流士身边，大流士向他询问了自己母亲、妻子和孩子们的状况，仆人回答说："他们都还活着，而且享受的待遇与您在位时一模一样。"

大流士听完以后，又向仆人问起自己的妻子是否保持着忠贞，仆人的回答依然是肯定的。于是他又追问仆人，亚历山大有没有威逼自己的妻子，对她强施无礼，仆人先发誓，随后说："陛下，您的王后跟您离开时一样，亚历山大是位最高尚和最能控制自己的英雄。"

大流士听完仆人的这番话语，双手合十，对天祈祷："啊！万能的宙斯大王！人世间帝王的兴衰之事都掌握在您的手中，既然您把波斯和米地亚的主权交给了我，我祈求您，如果可能，就不要让它被别人抢走。但如果我不能再保有这份权利了，我请求您千万别把它交给别人，就交给亚力山大吧！因为他的行为高尚无比，对敌人也不例外。"

把敌人变成朋友，难道就不是在消灭敌人吗？把你的反对者变成支持者，你做事不是更加容易吗？把反对者变成支持者，才是王者风范。但不可否认的是，没有人会得到下属百分之百的支持。如何变反对者为支持者？这就要求管理者做到以下几点：

1. 虚怀纳谏，勇担己过

一个管理者必须具备虚怀若谷的胸怀、容纳诤言的雅量。遇到下属反对自己时，要扪心自问，检讨自己的错误，并且在自己的反对者面前勇敢地承认，这不但不会失去威信，反而会提高权威。对方也会因为管理者的认错更加尊重他而与之合作。千万不可居高临下，压服别人，一味指责对方过错，从不承认自己不对。即使心里承认但口头上却拒不承认，怕失面子，这是不可取的，也是反对者最不能接受的。

2. 弄清原因，对症下药

反对者反对自己的原因是多种多样的，只有弄清楚，方能对症下药。有的是思想认识问题，一时转不过弯来。对于这种反对者切不可操之过急，而应多做说服工作。实在相持不下，一时难以统一，不妨说一句：还是等实践来下结论吧！有的下属反对自己是因为自己的思想工作方法欠妥或主观武断，脱离实际；或处事不公，失之偏颇。对于这种反对者最好的处理方法就是从善如流，在以后的行动中来自觉纠正。还有的反对者则是因为其个人目的未达到，或自己坚持原则得罪过他。对于这种人一方面要团结他，一方面要旗帜鲜明地指出他的问题，给予严肃的批评与教育，切不可拿原则做交易，求得一时的安宁和和气。总之，管理者要冷静地分析反对者反对自己的原因，做到有的放矢，对症下药。

3. 不计前嫌，处事公道

这是一个正直、成熟的管理者的基本素质，也是取得下属拥护和爱戴的重要一条。反对者最担心也是最痛恨的是管理者挟嫌报复、处事不公。管理者必须懂得和了解反对者这一心理，对拥护和反对自己的人要一视同仁，切不可因亲而赏，因疏而罚，搞那套"顺我者昌，逆我者亡"的封建官场作风。只有这样，反对者才能消除积虑和成见，与管理者走到一条道上来。

4. 严以律己，宽以待人

一个群体内部有亲疏之分，领导者与被领导者之间也是如此，无论谁承认与否，这是不可否认的一个客观存在。因为在一个单位中总有一部分同事由于思想、性情、志趣与自己接近，容易产生共鸣，获得好感、赢得信任，这种亲近关系常会无意中流露出来。而那些经常反对自己的人，在一般人看来是不讨领导喜欢的，无疑与领导的关系是"疏"的。一个领导者与被领导者之间的"亲疏"，是下属最为敏感的问题。如果一个管理者对亲近自己的恩爱有加、祖护包容，而对疏远者冷落淡漠，苛刻刁难，那么团体内部必然产生分裂，滋生派性。正确的方法应该是亲者从严，疏者从宽。也就是说对亲近者要求从严，而对疏远者则要宽容一点。这样可以使反对自己的人达到心理平衡，迅速消除彼此间的隔阂和对立情绪。

5.关怀下属，情理并重

下属总有自身难解决的问题，需要管理者去协调、去解决。作为管理者理应关心他们的疾苦，决不可袖手旁观，置之不理，尤其是主动帮助那些平常反对过自己的人（这是沟通思想的好机会）。只要符合条件、符合政策，就应毫不犹豫地帮助他们解决实际问题。哪怕一时没办到，但只要是尽了努力，他们也会铭记在心，备受感动。相信只要管理者付出真情，自然会得到回报，他们就会变反对为支持。那么管理者所领导的群体就一定会出现一个众志成城、生机勃勃的局面。

用行动语言教会员工怎样做事

在企业中，管理者本身的行为对员工会产生影响。管理者对工作的狂热，在企业内部会形成一种工作狂热的气氛，这样的气氛便可视为一种非权力影响力，虽然会带给员工压力，但更能激发员工工作的热情，使之更好地为企业效力。

热情使人产生成就，也会影响感染别人，优秀的管理者都有着自己的管理方法。在他的带领下，员工渴望在某一领域做出成绩，领先他人，这也是那些一流企业能充分发挥一流人才才能的奥秘。

一位榜样就是一面旗帜。弘扬榜样精神，用榜样或劳模的精神带动员工，形成向心力、凝聚力，是促进企业发展的根本保证。作为劳模或者榜样仅仅自己带头干还不行，还要发动员工一起干。"一花独放不是春，万紫千红春满园"。榜样还要用自己的言行影响和带动大家。要使榜样能真正起到激励先进、鞭策后进、营造争先创优氛围的作用。

有人说："失败的原因或许各有不同，成功的关键却是相同的。"纵观那些取得了巨大成功的企业，尽管其开始时的规模有大有小，但无一不是将"善待员工"的思想贯彻于企业经营管理活动的始终。这不仅表现在使用员工方面，在员工遇到难题的时候，身为领导者，也不能坐视不管。在这方面，土光敏夫的做法非常值得借鉴。

有一次，东芝公司的董事长土光敏夫听业务员反映，公司有一笔生意怎么也做不成，主要是因为买方的课长经常外出，多次登门拜访他都扑了空。土光敏夫听了情况后，沉思了一会儿，然后说："啊！请不要泄气，待我上门试试。"

业务员听到董事长要"御驾亲征"，不觉吃了一惊。一是担心董事长不相信自己的真实反映；二是担心董事长亲自上门推销，万一又碰不上那企业的课长，岂不是太丢一家大企业董事长的脸！那业务员越想越怕，急忙劝说："董事长，不必您亲自为这些具体小事操心，我多跑几趟总会碰上那位课长的。"

业务员没有理解董事长的想法。土光敏夫第二天真的亲自来到那位课长的办公室，但仍没有见到课长。事实上，这是土光敏夫预料中之事。他没有因此而告辞，而是坐在那里等候，等了老半天，那位课长回来了。当他看了土光敏夫的名片后，慌忙说："对不起，对不起，让您久候了。"土光敏夫毫无不悦之色，相反微笑说："贵公司生意兴隆，我应该等候。"

那位课长明知自己企业的交易额不算多，只不过几十万日元，而堂堂的东芝公司董事长亲自上门进行洽谈，觉得赏光不少，故很快就谈成了这笔交易。最后，这位课长热切地握着土光敏夫的手说："下次，本公司无论如何一定买东芝的产品，但唯一的条件是董事长不必亲自来。"随同土光敏夫前往洽谈的业务员，目睹此情此景，深受教育。

土光敏夫此举不仅做成了生意，而且以他坦诚的态度赢得了顾客。此外，他这种耐心而巧妙的营销技术，对本企业的广大员工是最好的教育和启迪。东芝公司在土光敏夫的带动下，营销活动十分活跃，公司的信誉大增，生意兴隆发达。

亲自帮员工解决难题，不仅减少了企业发展的障碍，对提升管理者的形象也具有非常重要的意义。

作为管理者，激励员工的首要问题是给他们树立一个榜样。这个榜样可以是自己，也可以是企业中的优秀员工。树榜样的目的就是让员工们以榜样为学习对象，以此来激励他们发挥更大的积极性。

作为管理者，必须取得员工的信赖和认可，好的管理者要求下属和员工做的事情，自己都首先做到。

别开空头支票，答应的就要做到

说得出就要做得到，这对于我们而言不仅是一条做人的基本原则，也是管理者应该具备的基本素养。正所谓"听其言，观其行"，我们处在这个位置上，一言一行都被下属看在眼里、记在心里，你做的好，他们或许没有多大的反响，但如果你说出去的话反反复复，他们就会把你的威信瞬间降到历史最低点。

许多管理者事实上就败在了自己的这张嘴上。他们爱许诺，可又不珍惜这一诺千金的价值，他们可能是过分相信自己的实力，所以许多事情不假思索就会轻易地答应下属："……我可以帮你这样做。"而后却又往往办不到。于是下属们感觉被欺骗了，他们愤怒了，他们会在自己心里给这样的管理者刻上"不守信用"的烙印，这会令管理者威信尽失，一辈子恐怕也难以翻身了。

还有些管理者，他们的初衷可能是好的，是想把许诺作为激励下属的一种手段。但这种做法可取吗？我们并不认同。事实上，这种做法在短期内或许会起到一点作用，但从长远的角度上看，效果并不好，因为你的许诺一旦不能及时兑现，员工就会伤心失望，干劲大减。与其如此，我们还不如用心为他们做些实事，让员工落个实惠，这怎么也比把话说得太早、太满，让人家空欢喜一场要好得多吧？

　　的确，很多时候，领导的许诺就像是一针兴奋剂，它确实能激发员工们的干劲。如果我们当众宣布：如果可以超额完成任务，大家月底能拿到40％的分红。这是怎样的一个消息？这多么有诱惑力！情绪振奋的员工们可能已经无暇再顾及它的真实性了，他们的想象力已经穿过时空隧道进入了月底分红的那一幕。接下来，他们肯定会热火朝天地卖命，扳着指头盼望着月底的到来。到了月底，他们都眼巴巴地指望你能说话算数，而你却只能来一句——实在对不起！想想看，这后果是多么可怕！这种情况下，你再有什么号召，告诉他们肯卖力就有奖励，鬼才信你呢！而且，一旦你的员工有了这种心结，他们也就没了心气，在他们心里，你们之间将是赤裸裸的雇佣关系，对于一个单纯意义上的雇主，他们想当然不会一心卖命。

　　有一位朋友就遇到了类似的情况，他在上任伊始，宣布要在一年内为员工们做5件实事，员工们自然干劲倍增。但大半年过去了，一件事也没有办成，大家一下子就没了热情，这位管理者也因此威望扫地，企业效益急速滑坡。

　　这位朋友本来是想用许诺来激励员工，没有想到全行业不景气，企业也就没有钱办那些已经许诺的事，结果是"搬起石头砸了自己的脚"。希望朋友能以此为戒。我们要知道，有些许诺关系着员工的前途与未来，他们对此颇为敏感，在工作中牢牢记住我们说过的每一句话。因此，你不能心情一高兴，忘乎所以，信口开河，更不可随意封官许愿，而在他们达到要求时又闭口不提，这只能削弱企业员工的战斗力。大家切记、切记，不是有绝对把握的事情，绝不要随便向员工们许诺，否则，届时不能兑现，后果将不堪设想。

管理者要清楚地意识到，我们的命令虽然不是圣旨，但我们的承诺却有着沉甸甸的分量。只要能够说到做到，哪怕我们的能力差一些，员工们也会信任我们，主动维护我们的形象。即使我们的话语与行动不一定符合他们的要求，他们也会感到我们做事有原则性，反而对我们的工作要求较有信心，认为我们不会有翻手云覆手雨，工作起来也就较有干劲。

所以，我们在做出任何承诺之前不得不深思熟虑，如果不能完全肯定，那就不要承诺，但要承诺就要全心全意，要保证它能不折不扣地实现。当你说："干完这件事，我给你加薪。"你心里就要确保这个承诺能兑现，而且要按时兑现，不要拖延，时间一到，马上做出表示。如果有突然状况发生，超出你的预见，导致承诺不能兑现，那我们就要立即开诚布公地与员工重新进行商洽。这件事要尽快做，不要等到火烧眉毛才开始进行。如果大家都知道你会恪守承诺，即使在非正常因素的影响下无法允诺也会尽可能地征求他们的谅解，他们就会相信你，就会认为你是一个可以依靠、可以信赖的管理者。

有一家私营企业的董事长，当初是个农民，家徒四壁，也没有办企业的经验。可是，当他决定办厂时大家都来帮助，邻里和朋友们毫不犹豫地借给他十几万元资金，结果获得了成功。有人想不明白，当初人们为什么会借钱给这个可能没有偿还能力的人。事情原来是这样的：还是在人民公社的时候，他和一位农民开玩笑打赌，赌注是谁输了谁就挑走村里晒谷场上的一大堆石头。结果他输了，他便去挑晒谷场上那堆成了像小山一样的石头。和他打赌的人对他说："这是开玩笑，千万不要当真。"但他说既然打了赌，就得说话算数。他断断续续地挑了三个月，空出了一大片地，他在空地上种了几棵桃树，现在那几棵桃树每年都结满了果实。人们在品尝甜美桃子的同时，无不赞美他是一个说话算数的人。把钱借给这样的人，还有什么不放心的吗？

说到就要做到，是管理者自身最宝贵的无形资产，应该说这也是管理者在管理工作中的立身之本。受拥戴的管理者，常有许多共通的待人处世的优点，其中很显著的一点便是——他们在任何时候都诚实守信、遵规守约。他们常常遵循这样的原则：要么轻易不与员工相约，要么就要信守诺言，竭尽全力去办。我们也应如此，对员工许下的诺言一定要兑现，而且是完完整整、说一不二地兑现。即使一时达不到这种境界，至少也要让员工感觉你为自己的诺言努力了。

给员工们一种被公正对待的感觉

公平是管理的最佳境界，但在实际操作中，管理者很难做到绝对公平，因为不同的人有不同的公平标准，有时对很多人来说是公平的事，对部分人来说却意味着不公平。

有7个人住在一起，他们每天都要分一大桶粥。麻烦的是粥每天都是不够的。最初，他们抓阄决定谁来分粥，每天轮一个。结果每周下来，他们只有一天是饱的，那就是自己分粥的那一天。后来，他们推选出一个道德高尚的人来分粥。强权就会产生腐败，大家开始想尽办法去讨好他、贿赂他，搞得整个小团体乌烟瘴气。再后来，大家决定组成3人的分粥委员会及4人的评选委员会，但他们常常互相攻击，等粥吃到嘴里时全是凉的。最后，有人出了个主意：大家轮流分粥，但分粥的人要等其他人都挑完后拿最后的那一碗。为了不让自己吃到最少的，每个人都努力将粥分得平均。最后，大家快快乐乐，和和气气，日子过得越来越好。同样的7个人，不同的分配制度就产生不同的风气。所以，一个单位如果有不良的工作习气，一定是机制问题，一定是没有做到完全公平、公正。

公正，即"公正地评价员工"。共同的价值观是对员工做出公正评价的基础。为每个员工提出明确的、具有挑战性的目标和任务，是对员工绩效做出公正评价的依据。

公平，即"公平地对待员工"。对每位员工的劳动给予能够体现"内部公平和外部公平"原则的回报，为每位员工的发展提供公平的机会和条件，在真诚合作与责任承诺的基础上展开公平竞争。

公正是公平的前提，公平是公正的体现。但是，公正了不一定就能公平。例如，管理者为实施激励，出台了一些相应的规定以配合奖惩。但很多人为了达到奖励标准，会根据考核办法，全力做到符合规定，这时真的、假的、半真半假的、亦真亦假的情况都会出现。弄得考核的人头昏脑涨，很不容易分辨清楚，以致每次公布结果，员工都觉得不公平。

　　激励的用意，原本在改善组织的气氛，鞭策员工积极向上，保持团队稳定的工作步伐。然而，不公平，就可能导致员工互相猜忌，甚至怨声载道，消极怠工，破坏生产计划，反而得不偿失。

　　得到奖赏的人是少数，但是，一旦他们认为奖赏不公平，自己获得的东西少于自己应得的回报，感激心理就会荡然无存。得不到奖赏的人居多数，他们可能认为遭受了不公平的待遇，心里不服气。这些反应，往往抵消了激励的功能。

　　激励不好，不激励也不好，这是个两难问题。人性既不像有些人所描述的"天生懒惰，讨厌工作"，也不像有些人所寄望的"经过适当激励，人人均能自我领导，并且具有一定限度的创造性"。人性只是具有可塑性，不激励不足以调动员工的行为，而激励也无法完全改变员工的行为，不公平的心理，更是激励的一大阻碍。

　　最好的办法，便是根本改变公平的观念。管理者坦诚说明"我只能够公正，却很难保证公平"，如果管理者自己强调"公平"，员工就会用不公平来批评他。得到奖赏不感激，未得奖赏不服气，完全是管理者自认为公平所招致的恶果。坚持公正但承认不公平的存在，是解开两难选择的突破口。

抹杀下属功劳，就好比在他身上捅一刀

一个喜欢抢夺下属功劳的管理者，是不可能成功的，他得到了近利，却忽视了远利。

在荣誉到来之前，有些管理者常常利用自己的领导地位挺身而出，当仁不让，似乎这样才能表现出自己的高大形象，才能说明自己的成功。殊不知，一个管理者是否真正成功，得看他手下的人是不是成功了，只有下属成功了，才表明你这个管理者也成功了。请记住："不要既想当教练，又想当进球的那个人。"

一次，业务员程浩接了一张设备销售的单子，客户公司很有实力，但采购人员十分难缠，不仅在价格上斤斤计较，而且还不时提出各种苛刻条件。将近半个月了，程浩毫无进展，只好愁眉苦脸地去找经理商量。经理详细听他讲述了整个销售过程，逐渐看出了问题所在，程浩对用户的主要诉求未搞清楚，只在枝节上与客户纠缠。于是经理给程浩分析了用户心理，告诉他只需如此这般用户一定能够拿下。程浩将信将疑地走了。

一周以后，经理路过员工办公室门口，看到一群业务员围在一起，程浩正在人群中央滔滔不绝地描述自己怎样将那个难缠的用户拿下，做成了一笔大单。几个新来的业务员满脸钦佩之情，不停地随声附和。经理忍不住走了过去，随口对程浩说："小程，还是我分析的对吧？照我的方法是不是很轻松地就做成了？"程浩顿时满脸尴尬："对，对，还是经理你分析得准确，这次多亏了您。"

回到办公室，经理也忍不住有小小的得意。但转念一想：不对，我怎么与下属争起功来了！还有程浩脸上当时那尴尬的表情，自己真是越活越不明白了，不该争的也争。

其实当管理者也不容易。人或多或少都有点虚荣心，都希望得到别人的认可，所以有时不自觉地都会将别人的功劳往自己身上揽，更别说本来就与自己有关的成绩了。但如果你把这当成一种习惯，每每将下属的功劳据为己有，那么有本事的下属就会离你越来越远，直到跑个精光。因为跟着你这样的领导，下属们将永无出头之日，而你身边剩下的，将不外乎两种人——无能之辈和阿谀奉承者。那么可想而知，你带着这样一帮人，估计也不会有什么作为了。

事实上，很多管理者都会犯这样的毛病——大事小情完全归功于自己，这真的会令你人心背离。要知道，任何工作绝不可能始终靠一个人去完成，即使是一些微不足道的协助，也要表现由衷的感激，绝不可抹杀下属的努力。作为一个管理者，这是绝对要牢记的。

抹杀下属的努力，就好比在下属本已伤痕累累的身上再割上一刀，作为管理者你如何忍心？因此，抹杀下属的成绩，是一个贪婪的行为。应切忌这种行为滋生！

一个高明的管理者，不但会与下属一起分享功劳，有时还会故意把本属于自己的那份功劳推让给下属。试问：从此以后，还有哪个下属不肯全心全意替他卖力?

把功劳让给下属不过是小恩小惠，但就只是这滴水之恩，却可以令下属以涌泉相报。孰得孰失，人人自明。

第四章
协调与沟通，是管理者必须要有的生存技能

　　一个管理者的管理水平主要取决于其协调、沟通能力。从某种角度讲，领导就是协调，管理就是沟通。良好的协调与沟通，有利于团队的发展和稳定，能够增强组织内部的团队合作精神和凝聚力，提高群体士气，进而完成团队目标的实现。

管理是否顺畅取决于沟通是否到位

管理者的最基本功能是发展与维系一个畅通的沟通管道。

对于管理者来说，有效地与员工进行沟通是非常关键的工作，任用、激励、授权等多项重要工作的顺利开展，无不有赖于与员工的沟通顺畅。

良好的沟通是管理者与员工之间感情联络的有效途径，沟通的好与坏，直接影响着员工的使命感和积极性，同样也直接影响着企业的经济效益。只有保持沟通的顺畅，企业的管理者才能及时听取员工的意见，并及时解决上下层之间的矛盾，增强企业的凝聚力。

美国人迪特尼·包威斯管理一家拥有 12 万余名员工的大企业，他很早就认识到与员工沟通意见的重要性。并不断加以实践。

在迪特尼·包威斯的"员工意见沟通"系统之下：凡是个人或机构一旦购买了迪特尼企业的股票，他就有权知道企业的完整财务资料，并得到有关资料的定期报告；凡是本企业的员工，也有权知道并得到这些财务资料和一些更详尽的管理资料。迪特尼企业的员工意见沟通系统主要分为 3 个部分：员工大会、每年举办的主要汇报及每月举行的员工协调会议。

同时，迪特尼企业也鼓励员工参与另一种形式的意见沟通。企业在四处安装了许多意见箱，员工可以随时将自己的问题或意见投到意见箱里；为了配合这一计划实行，企业还特别制定了一项奖励规定，凡是员工意见经采纳后，产生了显著效果的，企业将给予优厚的奖励。令人鼓舞的是，企业从这些意见箱里获得了许多宝贵的建议。

如果，员工对这种间接的意见沟通方式不满意，还可以用更直接的方式来面对面和管理人员交换意见。

那么，迪特尼企业员工意见沟通系统的效果究竟如何呢？事实可以作答。在 20 世纪 80 年代经济衰退中，迪特尼企业的生产率每年以 10% 以上的速度递增。企业员工的缺勤率低于 3%，流动率低于 12%，均是同行业中最低的。

现代的企业一般规模庞大，因素众多，结构复杂。管理者必须做好沟通、协调工作，使各部门、各要素充分发挥作用，才能顺利地实现既定目标。

绩效的高低与管理者花在沟通上面的时间多寡往往成正比，许多成功的企业总裁、总经理、专业经理人，他们花在沟通方面的时间高达 50% 以上，有部分人更高达 90%。一位信息业的总经理在一项命名为"成功的沟通"的座谈会中就直言不讳沟通的重要性。他说："当我开始完全学会沟通技巧之时，也是我的事业正式起飞，踏上成功大道的时刻。现在我平均每天要花掉约 70% 的时间和我的伙伴、员工们面对面地沟通。当然，我也必须和外界的供应商、经销商、大顾客、政府部门等有利害关系的人们进行沟通。总之，我现在每天都重复不断要做的唯一大事就是'沟通'。"

如果将沃尔玛公司的用人之道浓缩成一个思想，那就是沟通，因为这正是沃尔玛成功的关键之一。

沃尔玛公司以各种方式进行员工之间的沟通，从公司股东会议到极其简单的电话交谈，乃至卫星系统。他们把有关信息共享方面的管理看作是公司力量的新的源泉。当公司仅有几家商店时就这么做，让商店经理和部门主管分享有关的数据资料。这也是构成沃尔玛公司管理者和员工合作伙伴关系的重要内容。沃尔玛公司非常愿意让所有员工共同掌握公司的业务指标，并认为员工们了解其业务的进展情况是让他们最大限度地干好其本职工作的重要途径。

分享信息和分担责任是任何合伙关系的核心。它使员工产生责任感和参与感，意识到自己的工作在公司的重要性，觉得自己得到了公司的尊重和信任，他们会努力争取更好的成绩。

沃尔玛公司是同行业中最早实行与员工共享信息，授予员工参与权的，与员工共同掌握许多指标是整个公司恪守的经营原则。每一件有关公司的事都公开。在任何一个沃尔玛商店里，都公布该店的利润、进货、销售和降价的情况，并且不只是向经理及其助理们公布，而是向每个员工、计时工和兼职雇员公布各种信息，鼓励他们争取更好的成绩。

沟通对于对任何一个企业和企业领导者来说都是非常重要的，你必须学会运用，必须学会克服存在于沟通中的种种障碍。那么，沟通的障碍主要来自那几个方面呢？我们来看一下：

1.过滤。过滤指信息发送者有意操纵信息，使信息显得对接受者更为有利。比如：一名员工告诉上级的信息都是上级想听到的东西，这名员工就是在过滤信息。这种现象在组织中经常发生，当信息向上传递给高层管理人员时，员工常常压缩或整合这些信息以使上级不会因此而负担过重。在进行整合时，个人的兴趣和自己对重要内容的认识也加入进去，因而导致了过滤。

2. 情绪。在接收信息时，接受者的情绪也会影响到他对信息的解释。不同的情绪感受会使个体对同一信息的解释截然不同。极端的情绪体验，如狂喜或悲痛，都可能阻碍有效的沟通。这种状态常常使我们无法进行客观而理性的思维活动，代之以情绪性的判断。

3. 语言。同样的词汇对不同的人来说有时含义是不一样的。词汇的意义不存在于词汇中，而存在于使用者中。年龄、教育和文化背景是 3 个最主要因素，它们影响着一个人的语言风格。在一个组织中，员工常常来自于不同的背景，有着不同的语言表达方式。另外，部门的分化使得专业人员发展了各自的行话和技术用语。你我可能同说一种语言，但我们在语言的使用上却并不一致。

4. 文化。一个组织内其成员之间文化水平比较接近，信息沟通就容易进行；相反，文化水平相差较大，信息沟通就相对困难。组织是靠信息沟通、协调和组织全体成员的力量来实现组织目标的。如果员工文化水平低，则管理者将难以同他们进行有效的信息沟通，步调就难以保持一致，妨碍组织工作效率的提高。例如，组织目标的宣传、工作的分配、工作措施的落实、技术改造等，都需要与部属进行沟通。但如果部属文化水平较低，上述这些工作就不易得到部属的了解、赞同和支持，由此造成组织内信息沟通出现障碍。

5. 地位。组织是一个多层次的结构，因此，企业中一个普通员工可能常与同事、主管进行交流，因不能经常接触也能造成交流障碍，但不一定是地位原因。一般来说，组织规模越大、成员越多，处于中层地位的人员相互交流次数增加，而上下层地位的人员相互交流次数相应减少。尤其是企业管理者，常常因为自恃高明、目中无人、听不得不同意见、独断专行等，容易阻塞上下信息的交流渠道。从员工的角度来说，他们怕得罪顶头上司或害怕受到处罚，有问题往往不反映，或报喜不报忧，造成信息虚假，影响企业健康发展。

6. 空间距离。对信息交流及其效果有很大影响。一般来说，双方面对面地进行交流，有利于把复杂问题搞清楚，提高交流效果。如果交流双方距离太远，接触机会少，只能进行间接交流，那就很难把问题搞清楚，使双方都明白。在组织中，高层管理者与第一线工作的员工之间、不同部门员工之间存在着空间距离的远近，空间距离造成了信息交流的障碍，使他们接触和交流的机会减少，即使有机会接触和交流，时间也十分短暂，不足以进行有效交流。

为了解决或避免文化水平的差异所造成的信息沟通障碍，我们在选拔员工时，对文化程度应该有一定的要求，对在职员工进行多种形式的培训或鼓励他们自学文化知识等来提高其文化水平。尽量使交流的内容适合对方的思想水平和文化水平，使之充分了解交流的内容。

为了解决由空间距离较远而产生的交流障碍问题，我们应鼓励成立和发展俱乐部、兴趣小组，通过各种有益活动，缩短成员之间的空间距离，增加接触和交往机会，促进员工之间的信息交流。

此外，团队要精简机构，减少交流层次，建立健全交流网络；管理者要尽可能地同下级和普通员工进行直接交流，使信息传递渠道畅通。

推心置腹的谈话就是心灵的展示

管理者很难靠一己之力取得成功，我们必须经常依赖他人的大力支持和合作，才能完成使命。因此，你本身成功与否，完全取决于你与员工"沟通"的方式方法。

一个公司经理正在向一个员工表示不满："你知道，在半年前，我就宣布我们公司要进入鞋类产品市场。你难道不明白，试探零售商对我们新产品的接受程度有多重要？如果你不下工夫的话，我们怎么能完成这一工作？"

员工回答道："我知道在向零售商推销时，自己确实没有在新产品上下工夫，这我承认，可是它并不是我们公司的主要产品。我把精力集中在内衣和睡衣产品上，工作要好做得多。我确实不知道公司准备大规模进军鞋类市场。其实，经理你可能早就知道新产品是一条重要产品线的组成部分，可这事从来没有人对我讲起过。不用说，要是知道公司将全力进军制鞋业，我自然会采取完全不同的方式。但你不能说上一句'下点工夫'就指望我能明白你的意思。你应该把公司的整体规划告诉我。"

由此可见，如果公司员工不了解公司的实际情况，将会给公司带来多么大的影响。

真实是人生的命脉，是一切价值的根基，又是管理成功的秘诀。将自己的真诚技巧性地融入谈话中，是打动员工的速简方法，也是必然要件。

陈总开了一家销售代理公司，初期厂家支持很大，业务发展非常迅速，于是陈总大规模地扩张。不久公司的资金出现了问题，运作费用太大，厂家看到了这种情况，也采取观望的态度。于是陈总决定降低运作费用，变粗放管理为精细管理，争取厂家的支持和长远的发展。陈总的目标是打算降低 30% 的费用。但是陈总在犹豫，降低 30% 的费用是很难的，如果做不到位会影响到自己的威信，陈总在犹豫，到底要怎么办呢？

不久，从陈总秘书那里传来了一个小道消息。由于公司的运营成本过高，老总考虑要裁员 30%，以渡过难关，裁员的名单正在草拟中。消息传出，人人自危，都在想会不会是我？我最近表现怎么样？还有什么方面做得不好，很多人开始在老总面前表现自己，更有人找陈总谈心、表白忠诚。

又过了几天，有传闻。陈总考虑，裁员影响太大，将严重影响公司的形象和正常的业务，不裁员 30% 了，决定减薪 30%。于是每个人都在算计自己的薪水，控制自己的开支，公司的士气一片低落，甚至有人开始找工作。

突然有一天，陈总召开了全体员工的大会，会上陈总严肃地讲："最近公司有两种很离谱的传闻，一种说我们公司要裁员 30%，另外一种说我们公司要减薪 30%，也不知道这种消息是从那里传出来的，我们是一家正规的公司，我们有正常的信息渠道，怎么能允许小道消息传播！我们一定要严厉查处相关人员，我们公司决不允许这种风气存在！

我们是以人为本的公司，员工是我们生存和发展的基础。企业发展了，员工才能发展。员工满意了，企业才满意。对我们来讲员工是我们最大的财富！我现在郑重宣布，我们即不裁员也不减薪。"大家集体起立鼓掌，非常庆幸能摆脱这种厄运。

"但是大家不要高兴的太早，我们的费用确实很大，如果我们不控制自己的费用，我们只有死路一条。一方面厂家对我们的信心将打折扣，另一方面我们没有了利润，怎么生存？只有死路一条，一定是这样的。我们只有唯一的办法，就是严格控制费用。所以从明天开始，我宣布减少公司费用30%，具体计划财务部已经做出来了，大家要严格执行。"全体员工集体起立，再次鼓掌，甚至有些员工流露出感激的泪水。

一个领导者同下属谈话的语言运用的成功，是领导活动有效的重要条件，也是领导者获得信息、恰当地处理问题的方法，又是密切上下级之间关系的有效途径。因此，领导者必须予以高度重视。

管理者告诉员工公司的实际情况，至少有两个重要好处：

1. 员工们可以从中得到公司业务主次的信息。

2. 员工们可以从中了解到自己在公司整体规划中的职责，以及自己的工作对其他部门的影响。这一整体规划包含有公司的重要目标指向。员工们不仅需要知道公司的重要目标，也要知道自己在实现这些目标中所起的作用。

有了这些信息，员工们就会做出决策，以使公司内部摩擦降到最低程度。相反如果管理者没有将公司的信息告诉给员工们，就增加了他们陷入困境的可能。他们以为自己知道发生的事情，事实却并非如此。当员工们发现管理者一而再、再而三地不让他们知道公司的实际信息时，很快就会对管理者所说的任何话失去信任，继而对管理者本人产生不信任，从而对上下级之间的沟通产生严重的破坏。

因此，管理者在与员工的沟通中，必须对员工待之以诚，让员工知道企业真实的情况，为相互之间的沟通找到最佳的方法。

沟而不通，是因为你不懂倾听

如果你希望成为一个善于沟通的人，那就先做一个致意倾听的人。

善于倾听是有效沟通的前提。听人说话之所以备受重视，不仅是因为其有助于对事物的了解以及对说话内容的掌握，更因为听话是与他人个性契合、心灵沟通的根源。现代社会观念，已认识到说话的方法、交谈的技巧、相互的了解等对于和谐的人际关系的重要性。但是，大多数人仍偏重于说话的技巧和表达能力，致力于这方面的学习与训练，而忽略了听话要了解话中含义的重要性。倾听别人说话表示敞开自己的心扉，坦诚地接受对方、宽容对方、体贴对方，因而导致彼此心灵融通，是现代社会取得良好人际关系的又一个重要方面。

事实上，许多管理者不愿倾听，特别是不愿倾听下属的意见。殊不知，管理问题在很大程度上就是沟通问题，80％的管理问题实际上就是由于沟通不畅所至。不会倾听的管理者自然无法与下属进行畅通地沟通，从而影响了管理的效果。

有这样一则寓言，不知大家看过之后会作何感想：

　　为逃避人类的伤害，鹰王与鹰后经过长途跋涉，飞到一片遥远的森林。它们在密林深处挑选了一棵又高又大、枝繁叶茂的橡树，打算在上面定居下来，并在最高的一根树枝上开始筑巢，准备夏天在这儿孵养后代。

　　鼹鼠是住在这儿的老居民，看到两只鹰在忙忙碌碌，它忍不住提醒鹰王："你们可不能在这棵橡树上安家，它不安全，它的根已经快烂光了，随时都可能倒掉。你们赶紧另选个地方吧。"

　　"嘿，真是怪事！我们老鹰的眼睛多么锐利，还用得着你们鼹鼠来提醒吗？你们这些只会躲在洞里的家伙，能看到什么？竟然胆敢跑出来干涉鸟大王的事情？"

　　鹰王压根不听鼹鼠的劝告，继续忙着筑巢。不久，鹰后孵出了一窝可爱的小家伙。

　　一天早上，外出觅食的鹰王满载而归。当它怀着兴奋的心情准备回到温暖的家中时，看到的景象却是，那棵高大的橡树倒了，它的孩子无一例外葬身其中。

　　眼见此情此景，鹰王恸声大哭："我多么糊涂啊！当初不听鼹鼠的忠告，如今终于受到了惩罚。我从没有想过，一只鼹鼠的警告竟会是这样准确，真是怪事！真是怪事！"

　　"轻视从下面来的忠告是愚蠢的！"鼹鼠答道，"你想一想，我就在地底下打洞，和树根十分接近，树根是好是坏，有谁还会比我知道得更清楚呢？"

　　寓言虽短，寓意精辟。它告诉我们，管理者要谦虚为怀，善于听取最基层员工的意见。群众的眼睛是雪亮的，企业哪里存在隐患，员工的心里最有数，员工的建议我们必须予以高度重视。

倾听，并不一定代表你对对方谈话的认同，它仅表示对对方的尊重。每个人都有表达自己想法的权利。每个管理者都希望自己的讲话能够被下属认真地倾听，同样，每位下属也希望自己的声音能够被自己的上级倾听。倾听不是"听见"，与"听见"不同，它反映了我们对待下属的态度。如果某位朋友认为自己听见了，就是在倾听，这是错误的，因为倾听不仅仅用得是耳朵，更要去用心。我们应该要：

1. 理解下属想说什么

我们在倾听时首先要弄明白的是下属到底想说些什么，是对公司的建议，对某人的意见，还是对待遇的不满？由于每个人的性格不同，不同的员工在表达自己的观点时采取的方式也不尽相同。比如，性格较内向的下属，在表述一些敏感的问题时可能会更加隐晦。这需要我们在平时多与下属接触，多了解下属的动态，这些对正确理解下属的意图很有帮助。

2. 站在对方的立场去倾听

下属在讲述自己的想法时，可能会有一些看法与公司的利益或我们个人的观点相违背。这时不要急于与下属争论，而应该认真地分析他的这些看法是如何得来的，是不是其他下属也有类似的看法？为了更好地了解这些情况，我们不妨设身处地的站在下属的角度，为下属着想，这样做可能会发现一些自己以前没有注意到的问题。

3. 听完后再发表意见

在倾听结束之前，不要轻易发表自己的意见。由于你可能还没有完全理解下属的谈话，这种情况下妄下结论势必会影响下属的情绪，甚至会对你产生抱怨。我们在发表自己的意见时，要非常的谨慎。特别是在涉及一些敏感的事件时，尤其要保持冷静，埋怨和牢骚决不能出自我们之口。对员工而言，你的言论代表着公司的观点，所以你必须对你说出的每一句话负责。

4. 做记录，并且兑现承诺

在倾听员工的讲述时，最好做一些记录，一方面表明你对他谈话的重视，另一方面也可以记录一些重要的问题，以防遗忘。我们对自己作出的承诺，最好也进行记录。作出的承诺，要及时进行兑现，如果暂时无法兑现，要向员工讲明无法兑现的原因，及替代的其他措施。

请记住，沟通是管理者所必须具备的基本能力。有效的沟通会使下属产生一种被重视、被信任的感觉，对激发员工的工作热情、使命感、责任感，都会产生非常积极的影响。所以我们不得不重视。

让员工把心中的不满都说出来

任何企业，在它生存、发展、壮大的过程中，不可避免地会出现某些员工对管理者心生不满或有所抱怨的现象。作为一名管理者，我们在这种情况发生之时，若未能有效地加以解决，往往会使问题扩大化，最后演变为不可收拾的局面。

所以说，作为管理者，我们必须充分重视员工的抱怨，绝对不可对员工的不满和抱怨掉以轻心、漠然视之。实际上，正是抱怨和不满，才能使我们意识到公司里可能还有其他人也在默默忍受着、抱怨着同样的问题。这种情况下，生产效率就会受到严重影响。面对员工的抱怨，我们必须谨慎地处理，不可置之不理，轻率应付。

霍明君是某大型国企总经理。他的办公室不像一般老板的办公室那样，布置得非常气派、庄重。他的办公室里除了简单的办公桌椅以外，四周沿墙壁摆了一圈沙发。他认为，如果老板坐在高大的老板椅后面，而下属坐在普通的椅子上，他们会产生心理压力。他宁愿他的部下把他看作一般同事或是朋友，而不是老板。所以在倾听部属的抱怨时，他们总是坐在舒适的沙发上，在一种比较轻松的气氛中进行。

有一次，霍明君在车间检查线路布置是否安全，正碰上车间主管大声斥责一名工人："你是怎么搞的？我们公司怎能有你这样的人呢？照你这样干下去，你就等着走人吧！"霍明君对这名主管的做法很是反感，本想当面制止他，转念一想，不如给他一个活生生的教训。于是他一言不发地走开了。

过了几天，他把这个主管单独叫到办公室，问道："这几天你手下的工人看起来似乎工作状态不佳，发生了什么事吗？"主管一听，愣了一下连忙否认："没有的事。"

霍明君随即拿出了本周的生产统计表叫车间主管看，然后主管傻眼了——自己主管的车间产量竟排在最后，质量也是倒数第一！他满脸愧色，不知该如何跟老板解释。霍明君不紧不慢地问他，是否记得本周某天曾当着众人的面指责一位工人的事。车间主管想不出这和生产效率有什么关系。

大卫说："你没发现当时在场的人表情都很尴尬，而且惴惴不安吗？你对待基层员工如此粗暴，会让他们每一个人都担心挨骂，每个人都觉得自身难保，你的车间会形成一种恐慌的气氛。如此一来，你们的生产效率自然好不了。"

车间主管惭愧地低下了头。霍明君继续语重心长地说："要知道，我们公司并无多大优势，它所拥有的就是人的力量，作为车间的主管，你不仅不能在员工中制造恐怖气氛，反而要静下心来倾听员工的心声，解除他们的一切后顾之忧，这样他们才能全身心地投入工作。"

"让员工把不满说出来。"杰克·韦尔奇如是提醒管理者们。"让员工把不满说出来"，实际强调的是沟通的重要性。通过这种沟通，可以实现企业内部管理信息的"对流"。一方面，倾听员工发自内心的呼声、意见和建议，便于企业决策层、管理层撤销不合理的管理办法，制定出更加科学合理的制度，提高管理水平；另一方面，听到来自企业决策层、管理层的准确声音之后，员工的顾虑、猜疑和不解就会烟消云散，工作起来心情舒畅，把更多的精力投入到创新生产技术、提高工作效率上，增强企业竞争实力。

退一步说，其实任何管理者，都不可能把所有的工作都做得非常完美、滴水不漏，总有一些事情处理得不公平、不恰当，一些重大决策制订得不合理，一些管理工作做得不到位，使员工产生了不解或不满情绪。这时，如果我们不能和员工进行有效的沟通，让员工把不满说出来并及时处理，就会使员工的不满和怨气越聚越多、越积越重，最终导致企业发生严重的管理危机。因此，"让员工把不满说出来"不失为一种很明智、很可取的化解员工矛盾的好方法。

当然，"让员工把不满说出来"说起来容易，做起来很难。这需要我们态度诚恳，能够洗耳恭听员工的意见，甚至是批评的意见，而不是走走形式，或做做样子。一般来讲，如果我们这些管理者具有较敏锐的直觉，在听取员工的牢骚或辩白时，往往就会对问题的所在一目了然。但即使如此，我们也不能在员工刚开口时就泼冷水，也切不可在他尚未提出意见时就加以反驳。因为如此一来，只能使他们原来低落的情绪更加低落。对员工的抱怨，我们必须认真对待，要把它当成一件大事来抓。所以我们要：

1. 了解反映的所有细节，做笔记，询问反映的每一个细节、时间、地点、环境、其他在场的人等。一定要保证你获得解决这一情况所需的全部信息。

但要注意，不要在这一步骤中评价员工的反映。通过专心倾听，你可以获得所有的细节，一定要做详细记录以备以后参考。这些记录对解决问题非常有好处。

2. 作出反应，说明你已了解了问题，比如重复每一个细节，在谈论问题的其他方面时对每一个细节都已掌握了。如果你发现员工根本不同意你的表述，要立即澄清事实。努力倾听员工的话，可以维持或强化他们的自尊心。

3. 坦诚表明你的立场，记住，该说的都说了，该做的都做了，解决问题的责任都落在了你的身上。专心听使你易于理解员工在事件中的立场。由于每一个事件都有两个立场。你只有考虑到事件对整个组织的影响后，才能够处理反映的问题。要很诚恳地说明你的立场，说明你是就事论事，要针对反映的问题本身和他的影响，不要针对员工的个性发表意见。这样，就可以做出一种客观的反应，有技巧的反应会维持员工的自尊心。

4. 要询问员工如何处理他反映的问题，一定要让员工参与解决，这样你会获得他的承诺。如果问题很复杂，你应坦诚说明你解决问题的意图，以及可选择的解决方案等让员工相信你不是在敷衍他。

5.员工的抱怨将会提醒你的注意，对此应表示谢意，通过对员工表示谢意，说明员工对问题的看法向你提供了有价值的建议。员工知道你高度评价了他在解决问题时所付出的努力时，会在出现别的问题时更努力。通过强调小组工作的重要性进一步加强员工的自尊心。

6.要有自我控制力，在面对员工的抱怨时，你需要有耐心和自我控制力，尤其是员工的抱怨牵涉到你，使你感到很尴尬时，更需要极大的耐心和自我控制能力。

掌握事实。即使你可能感觉到不迅速作出决定会有压力，你也要在对事实进行充分调查之后再对抱怨作出答复。要掌握事实——全部事实。要把事实了解透了，再做出决定。只有这样你才能做出完善的决定。小小的抱怨加上你匆忙的决定可能变成大的冲突。

总而言之，作为管理者，我们不能让员工的抱怨越积越多，一旦发现员工有不满情绪要及时了解情况，及时解决处理；否则不满情绪越积越多，就像充气的气球，到了一定程度就会爆炸。

劝架是管理者必须熟练的一门技术

有人群的地方就会有区别，有区别就会产生冲突。当企业中不可避免的员工冲突摆在眼前时就需要管理者巧妙地解决它。

当管理者走过本部门时，员工小罗走了过来，要求私下谈谈。显然有什么事情在烦扰着小罗。回到办公室刚坐下，小罗就滔滔不绝地谈起他与同事小宋之间的冲突。

照小罗的说法，小宋欺人太甚，不惜踩着别人的肩膀向上爬。特别是，小宋为了使他难堪，故意把持住一些重要的信息，而他正需要这些信息来充实报告。小宋甚至利用别人做的工作为自己沽名钓誉，等等。小罗坚持认为，必须对小宋采取行动，而且必须尽快行动——否则的话，他警告说，整个部门将会有好戏看。

这样，管理者就不得不处理必然要遇到的微妙局面：两位员工之间的冲突。解决员工之间的冲突可能比解决任何难题都需要更多的技巧和艺术。在冲突大规模升级之前，该做些什么才能使之消失于无形呢？

必须意识到，冲突不会自行消失，如果置之不理，员工之间的冲突只会逐步升级。作为管理者，有责任在部门里恢复和谐的气氛。有时必须穿上裁判服，吹响哨子，及时地担任起现场裁判。

下列4点是管理者在处理冲突时所必须牢记于心的：

1. 记住自己的目标是寻找解决方法，而不是指责某一个人。指责即使是正确的，也会使对方顿起戒心，结果反而使他们不肯妥协。

2. 不要用解雇来威胁人。除非真的打算解雇某人，否则，说过头的威胁语言只会妨碍调解。如果威胁了，然后又没有付诸实施，就会失去信用，人们再也不会认真看待管理者说的话。

3. 区别事实与假设。消除任何感情因素，集中精力进行研究，深入调查、发现事实，这有助于找到冲突的根源。能否找到冲突的根源是解决冲突的关键。

4. 坚持客观的态度。不要假设某一方是错的，而是要倾听双方的意见。最好的办法是让冲突的双方自己解决问题，而管理者担任调停者的角色。可以单独会见一方，也可以双方一起会见。但不管采用什么方式，应该让双方明白：矛盾总会得到解决。

为了保证会谈成功，必须做到以下几点：

1. 定下时间和地点。匀出足够的时间，保证不把会谈内容公之于众。

2. 说明目的。从一开始就让员工明白，要的是事实。

3. 求大同，存小异。应该用肯定的调子开始会谈，指出双方有许多重要的共同点，并与双方一起讨论一致之处。然后指出，如果双方的冲突能得到解决，无论是个人、部门，还是整个公司，都可以避免不必要的损失。还可以恰到好处地指出，他们的冲突可能会影响到公司的形象。

4. 要善于倾听不同意见。在了解所有的相关情况之前不要插话和提建议。先让别人讲话，他们的冲突是起因于某一具体的事件，还是仅仅因为感情合不来？

5. 完全中立。在场时必须一直保持感兴趣、听得进而又不偏不倚的形象。不要给人留下任何怀疑、厌恶、反感的印象。当员工讲话时，不能赞同地点头。不能让双方感到管理者站在某一边。事实上和表面上的完全中立有助于使双方相信管理者的公正。

6. 重申事实。重申重要的事实和事件，务必使双方不发生误解。

7. 寻求解决的方法。允许当事人提出解决的方法。特别要落实那些双方都能做到的事情。

8. 制定行动计划。与双方一起制定下一步的行动计划，并得到双方执行此计划的保证。

9. 记录和提醒。记下协议后，让双方明白，拒不执行协议将会引起严重的后果。

10. 别忘记会后的工作。这次会谈可能会使冲突的原因公开，并引起一系列的变化。但是不能认为会开完了，冲突也就彻底解决了。当事人回到工作岗位之后，他们可能会试图和解，但后来又再度失和。必须在会后的几周、甚至几个月里监督他们和解的进程，以保证冲突不会再发生。

管理者可以与其中一方每周正式会晤一次来进行监督。如果冲突未能得到解决，甚至可以悄悄地观察他们的行为。

不再发生任何员工之间的冲突——这是管理者的工作职责之一。只有在感到智穷力竭时，才可以用调动工作的方法把双方隔开。但最好还是把调动工作留作最后的一招。

能否果断直接地处理冲突，表明作为管理者是否尽到了责任。积极的处理将向员工发出明确的信号：不会容忍冲突——但是愿意作出努力，解决任何问题。

愚蠢的调节者才会各打五十大板

团队成员之间总会有这样那样的冲突。有的冲突是正常的，能够推动团队目标的实现；而有的冲突则是不正常的，需要进行及时地解决。作为管理者，在处理团队成员之间的冲突时，一定要审慎，既要注意保持团队的团结一致，又要注意不能伤及员工的积极性。

在办公室，员工陈文乐和高文彦争吵了起来，经理钟月奇听到了争吵声，出去把陈文乐和高文彦带了回来。气愤的钟月奇愤怒地斥责陈文乐："那么冲动干吗？工作做好了吗？就只会胡闹。还有你，"钟月奇把怒火对准了高文彦，"不知道这儿是办公室啊？以后要吵出去吵！回去干活去！下午每人给我写份检讨报告。"

很显然，钟月奇不是当一个合格的调解员，而是各打五十大板完事。钟月奇的这种处理方式很古老，并且，对于解决陈文乐和高文彦的冲突一定是没有作用，更无益于团队工作的效率提高。或许，陈文乐和高文彦之间都有错，也可能仅仅是一个人的错。但是，无论错误在谁，作为一个管理者的钟月奇至少应当查明他们争吵的原因，了解问题到底出在哪儿。

这是对陈文乐和高文彦应负的责任，也是对整个团队工作的负责。团队成员之间有矛盾存在，就应当去解决，而不是各打五十大板就万事大吉。这样做的结果只能使矛盾在黑暗中激化，使团队的工作变得更加糟糕。

那么，该如何调解并处罚下属之间的冲突呢？

遵照一个公正的、系统的方法来行事，可以保证不会使自己陷入困境和逾越自己的权力范围。下面的几个步骤，可以帮助你正确地处罚正在交战的下属，并能够赢得他们的尊敬和信任。

1. 要求他们进行自我陈述，即从各自的角度去陈述已经发生的事实

可以将他们叫到一个房间里面，让他们每个人对已经发生的问题

作一下自我陈述。要求他们以"我"开头。比如说，"我做了……"或者"我看见……"等。例如，"我对这个问题已经尽了我的最大努力，但是他还是责怪我不努力。"

以"我"开头有一个好处：可以避免指责对方所带来的反抗，从而更加有助于解决问题。在作"我"的陈述时，如果你觉得有必要，可以让他们把自己对事件的陈述写下来。很多下属可能在口头上并不能说清楚问题，但是在纸上可以表达得很清楚。如果双方对事实的陈述有不同的话，你也可以经由书面的语言来发现他们争议的焦点，这样有助于解决问题。

你应当问清楚发生争议的下属，他们是在什么样的假设基础上做出此种行为。通常情况下，他们之间的矛盾，实际上是因为他们的行为被假设为相互冲突而造成的。

2. 换位思考，让他们从对方的角度来陈述问题

他们可以这样说："陈文乐认为……"或"高文彦利看见……"等，例如你在要求陈文乐陈述时可以让他这样开头："高文彦看见我坐在椅子上没有动，以为我是在偷懒，实际上当时我是在思考一个问题……"让每一位下属都站在对方的立场上看问题，可以让彼此之间相互体谅和谅解。同时，复述也可以认证一些模糊不清的问题，使之清晰化，为下一步的解决问题奠定基础。

3. 找出并强化共同的需要

让双方都认识到在他们之间存在着很重要的共同需要，让他们说出："是的，那是很重要的。"建立起同意的基础、理解的基石，使双方认识到他们共同的需要，共同的需要催生共同的话语。共同的东西可以使下属联合起来，将双方的注意力都吸引到共同的目标上来。

4. 找出问题解决的方案

解决问题的方法可以由你帮他们决定，但是，更好的办法是让他们双方共同努力，积极主动地找出问题的解决方法。在他们已经认识到的共同需要的基础上，要求双方拿出积极的、有效率的方案来解决问题，达到共同的目标。假如他们正在犹豫不决，或暂时没有解决相处问题的方法的话，可以给他们一两天的时间好好考虑。记得向他们说明白：希望你们能够拿出一个具体的、具有建设性的方案，然后一起努力地去实施。

5. 对错误的行为开始处罚

调解结束后，就是对双方错误行为的处罚。有时候，可能对双方进行处罚的必要性很小，例如认错态度很好、双方很快达成谅解等，这时候可以不对他们进行处罚。但是，一定要让犯错者认识到他们的行为所导致的后果，由你告诉他们或者由他们自己说出。这样做的目的是告诉他们：不是你们没有错，而是这次饶恕了你们。

6. 当处罚他们的时候，一定要一对一地进行

你可以先把陈文乐叫到你的办公室，然后告诉他处罚的结果，接着告诉他，如果按照公司的规定和政策，他将会得到比这更为严厉的处罚。但是，这次由于他良好的认错表现，你对他宽大处理，希望他能够从中汲取教训，下次不再犯同样的错误。

7. 对下属的处罚结果实施监督

你可以为被处罚下属制定出一个处罚时间表，在这个时间表上设置开始的期限和最终的期限。假如你正在处罚下属，你也应该提出一个时间的框架，以便他们能够知道由于他们的错误行为导致的处罚，什么时候可以结束。

总之，你的工作就是为下属创造一个纪律性强、富有效率，或者其他能够表达这种意义的工作环境。

通过上述的步骤，我们可以发现两个关键问题：

第一步，把要做的事情做完。不能因为分歧和矛盾而耽误工作的进展。

第二步，对错误的行为进行处罚。不能因为工作已经做完，双方已经找到问题的症结或已经认识到自己的错误，而不对错误行为进行处罚。

恰到好处的指责能避免情绪反弹

对待下属要奖惩分明，下属表现出色时，要及时表扬，当他们犯了错误时，就要责备。但责备员工时也要注意维护他们的自尊和干劲，尽量避免引起对方的反弹情绪。

责备员工要恰到好处，领导者主要要注意以下几方面的问题：

第一，如果员工在工作中出现了失误，一定不要在大庭广众之下责备他。

人人都爱面子，如果你在大庭广众之下责备下属，就等于是在落他的面子，那么即使你责备的很有道理，他心中必定也不服气。

有一个连长脾气很火爆，一次组织新兵训练时，发现某排动作迟缓，准备工作做的乱七八糟，就把排长叫出来骂了一通，没想到那个平时沉默寡言的排长居然在众人面前顶了他一句："训练普遍有问题，你凭什么只盯着我们排！"事后，两人聊了一次，那个排长说："上次我工作做的是不太好，如果你是在私底下骂我，那我绝对没的说，可你不应该在那么多人前骂我呀！丢了面子，以后我还怎么管新兵？"

批评下属是为了让他纠正错误，所以你必须选择他能接受的方式。如果你在人多的地方大声批评他，那就不是为了督促他改正错误，而是为了发泄你的怨气了。

第二，责备是对别人的否定，而否定又有轻重之别。有鉴于此，就需要区别对待。严厉的责备是最糟的沟通方式，说出的话就像被砍断的树一样，很难再挽回了

有的职员因为本身的原因，常常缺乏干劲，工作没有主动性。对于他们需要调动主动性，你指责他一通，也无济于事，主动性必须从其内心激发出来。对待他们的指责只能是隐晦的，在表面上要进行激励。

如他喜欢养花，可以将他的工作和花儿进行联系，就能引起职员的积极性，使他认真、热情地去工作。不仅如此，这种激励的方法还能使职员产生一种责任感，而责任感恰恰是做好工作的前提。

如此一来，职员必能心服口服，愉快地接受你的责备，因为他的努力得到了承认，他的积极性得到了肯定。

第三，人们在受到责备时，都会感到不痛快。但是林子大了，什么鸟都有，有一种特殊的人，挨了责备却"潇洒"得很，任你怎样批评，他只听之任之，我行我素，依然如故。

有位经理，精明强干，手下的一班干将也都十分出色。但前不久，

他的秘书因为迁居别处而调走了，接任的是一位刚刚毕业的大学生。这位新来的女大学生，做事又慢又马虎，常常将印过的资料不加整理便交出去，办公桌上也乱七八糟。转眼三个月过去了，她的毛病还是老样子。而且，这个女孩对于任何批评、责备，都只当作耳边风。后来，那位女经理决定改变责备方式，只要一发现她的优点就称赞她。

没想到，这个办法竟然很快奏效了，仅仅十几天，那女孩就好了很多。一个月后，做出了非常显著的工作成绩。

可见，责备这种职员应该从另一个角度进攻，利用称赞来使他们改掉毛病，进而增加你所领导的整体的工作效率。

不当众责备职员当然是最好不过的。可是，每位领导都有各自的性格特点，有些领导比较容易冲动，特别是看到职员犯了比较严重的错误，严重影响全体的时候，就可能按捺不住心中的火气，当众责骂起职员来。这时，就好像是"丢了羊"一样。为了防止继续"丢羊"，就必须立即采取"补牢"的措施，使你因一时冲动而产生的副作用减至最小。

某位经理脾气比较暴躁，并且对工作总是一丝不苟，如果看到部门经理工作不负责任，或者令他不满意，就会情不自禁地要当时当地直截了当地指出来。

尽管经理这样做是为了工作，部门经理心里也明白，知道经理并不是责骂他一个人，但是心里毕竟不是滋味。

事后，经理冷静下来，知道自己太过于冲动了，而且后来对部下解释说，这个部门平时工作也是十分出色的，只是因为这种情况，因而有些小错，但工作成果还是可观的。

于是，经理马上进行了"补牢"工作。他在那天下班之后派人把部门经理找来说："今天委屈你了，首先怪我太冲动，没有十分了解情况，对你的责备不当，请原谅。不过，你们部门的工作仍需要提高，相信你能做到这一点。"

几句话使部门经理的心得到了安慰，同时又有一种被信任感，再大的委屈也就飞到九霄云外了。

俗语说："打人一巴掌再给一个甜枣"，虽然不能轻易地"打一巴掌"，但既然已经"打"了，给与不给"甜枣"效果便会大不相同。丢了羊，再补牢这便是一个不是办法的办法，当你一时冲动当众责备了你的部下时，不妨试试这个办法。

责备下属最忌讳的是批评不准确，与事实不符最容易引起反感的对抗，所以责备下属前一定要把各方面的事实和情况搞清楚。说话要有根据。

先褒后贬，给员工一个心理缓冲

人对于批评总不像听赞扬那样舒服。听到赞扬，人高兴；但听到批评，人的反应却是不一样的，有的人会努力改正错误，有的人会心灰意冷，也有的人恼羞成怒，甚至有的人要伺机报复。

人在本能上对批评有一种抵触心理。管理者应对这一心理现象有清醒的认识。在对职工进行批评时，要注意既能使其接受，又不违背批评的初衷。在批评员工时，先找出对方的长处赞扬一番，然后再提出批评，而且力图使谈话在友好的气氛中结束，同时再使用一些赞美的词语。在许多情况下，批评也是很有效的激励，批评这个武器应大胆使用。但是，如果对员工光批评，一点也不肯定他的长处和优点，员工会认为不公平，是厂长经理故意与自己作对。因此，将批评夹在赞美中，先褒后贬才能收到好的激励效果。

人大多能接受委婉的批评，特别是这种把批评夹在赞美中的批评，对于那种不留情面的批评，大多数人是很难接受的。以赞美的形式巧妙地取代批评，以看似简捷的方式达到直接的目的。

贾太太请了几位建筑工人加盖房屋。刚开始几天，每次她回家的时候，总发现院子里乱七八糟，到处是木屑。由于这些建筑工人们的技术比较好，贾太太不想让他们反感，便想了一个解决的办法。她等工人们离去之后，便和孩子把木屑清理干净，堆到园子的角落里。第二天早上，她把领班叫到一旁，对他说："我很满意昨天你们把前院清理得那么干净，没有惹得邻居们说闲话。"从此以后，工人们每天完工之后，都把木屑堆到园子角落里，领班也每天检查前院有没有维持整洁。

间接指出别人的错误，比直接说出口来要温和，且不会引起别人的强烈反感。

一个成功的管理者，当他的下属犯了错误时，他会选择先褒后贬的方式对下属提出批评。这样，下属会感激万分，因为他清楚，上司不仅给了他面子，而且还给了他机会，知恩必报，以心换心，下属会更加努力，做出好成绩来报答上司。

第五章
人才是利润最高的商品，用好人才才是最终赢家

对于管理者来说，用人的重点在于知人善任、用人之长。知人善任就是要了解和掌握员工特点，并将其合理安排到相应岗位上，达到人尽其才的目的；用人之长就是要在工作中要尽量发挥员工的工作特长。做到这两点，你会发现他们做出的成绩常常好得会令你吃惊。

拥有"美丽风光"，才能吸引人才

人们都喜欢在感觉良好的企业工作。最善于创造良好工作环境的企业，才能吸引并留住技能最优秀的员工。

在激烈的人才争夺战中，美国西南航空公司凭借独树一帜的"最佳雇主品牌形象"，吸引和留住了符合企业核心价值观的大批优秀员工。

"最佳雇主品牌形象"是员工对企业文化、管理制度表示认可的一种形式，体现了公司对员工价值承诺，它是一个与客户服务品牌同等重要的内部品牌。在 2000 年，美国西南航空公司为每位员工制作了一项，自由"个人飞行计划"，其中包括保健、财务保障、学习与发展、变革、旅行、联络、工作与休闲、娱乐八项内容。通过这一计划，企业向广大员工传达了企业的文化口号："西南航空，自由从我开始。"

美国西南航空公司非常重视每位员工的发展，认为每一位员工都是实现自由承诺的要素。他们通过赢得"最佳雇主品牌形象"的声誉来激励员工，为员工提供充分的自由，不仅使员工与公司之间产生了强大的亲和力，而且有效地激发了员工创造优质客户服务品牌的热情。该公司员工福利与薪酬总监说："我们希望通过自由承诺进一步加强优秀人才的敬业精神，'最佳雇主'这一称号使我们在吸引和留用优秀人才方面获得了更大的竞争优势。"

该管理者的这段话，真切地反映了人们在基本物质生活得到满足的情况下，将不再把金钱作为主要的工作动机，对大多数人来说，"个人价值的实现"、"受人尊重"远比金钱更重要。

当然，一个健康的、优秀的企业应该主动去营造这种氛围。

1. 让员工从工作中感受愉悦、舒适

多从员工的角度为他们考虑，努力给员工提供良好的学习工作环境，给予他们更多锻炼和再深造的机会，让员工们对自己的工作产生浓厚的兴趣，自觉自愿的发挥其主观能动性，在积极的工作中提高素质。

2. 让员工体会到精神上的舒适

让员工在公司真正找到归属感，真心地把公司当成自己的家，把领导、同事当成是自己的亲人和朋友，彼此没有猜忌，也没有困难面前的无助，有的只是团结、合作、互助、融洽的气氛。这样才能减少员工工作以外的心理压力，提高其精神上的舒适度。

总而言之，管理者要以情感人、以理动人、以心用人、以诚留人，充分调动所有员工的积极性和主观能动性，凝聚人的价值取向使之形成合力，在合力最大化中取得企业最大效益。

管理者要把公司营造成一个温馨的家园，这种温馨既是物质上的，更是精神上的。同时为激发员工的创造力，公司提供丰富的资源，舒适的工作环境让员工健康成长。还要为员工提供良好的加薪升职的机会，给予员工一定的物质奖励以及旅游休假机会。

关于选才，你必须要有些手段

用人的前提是选人。现代企业的竞争，实质上是人才的竞争。企业要想成就一番事业，先得从人才的选择入手。

微软公司就以其严格的选才制度闻名于世。在微软公司成立初期，比尔·盖茨、保罗·艾伦以及其他的高级技术人员亲自对每一位候选人进行面试。现在，微软用同样的方法招聘程序经理、软件开发员、测试工程师、产品经理、客户支持工程师和拥护培训人员。为了招聘人才，微软公司每年大约要走访 50 所美国高校。招聘人员既关注名牌大学，同时也留心地方院校以及国外的高校。1991 年，为了雇佣 2000 名职员，微软公司人事部人员走访了 137 所大学，查阅了 2 万份履历，对 7400 人进行了面试。在进入微软公司工作之前，大学生在校园内就要经过反复的考核。他们要花费一天的时间，接受至少四位来自不同部门职员的面试。而且在下一轮面试开始之前，前面一位主试人会把应试者的详细情况和自己的建议通过电子邮件传给下一位主试人。有希望的候选人还要到微软总部进行复试。通过这些手段，微软公司网罗了许多在技术、市场和管理方面的青年才俊，也因此在各大高校中树立了良好的形象、赢得了良好的声誉。

微软公司总部的面试工作全部由产品职能部门的职员承担：开发员负责招收开发员，测试员负责招收测试员，依此类推。面试交谈的目的在于抽象地判定一个人的智力水平，而不仅仅看候选人知道多少编码或测试的知识或者有没有市场营销等特殊专长。

微软面试中有不少有名的问题，比如，求职者会被问到美国有多少个加油站。其实，求职者无需说出具体的数字，只要联想到美国有2.5亿人口，每4个人拥有1辆汽车，每500辆汽车有1个加油站，他就能推算出美国大约有12.5万个加油站。当应聘者回答此类问题时，答案通常是不重要的，他们分析问题的方法和能力才是微软公司所看重的。

具体来说，总部的面试其实是通过"让各部门的专家自行定义其技能专长并负责人员招聘"的方法来进行的。比如说，程序部门中经验丰富的程序经理从以下两个方面来定义合格的程序经理人选：一方面，他们要完全热衷于软件产品的开发，一般应具有设计方面强烈的兴趣、熟练掌握计算机编程的专业知识；另一方面，他们能专心致志地自始至终关注产品制造的全过程，善于从所有能够想到的方面考虑存在的问题，并且帮助别人从他们没有想到的角度来考虑问题。又比如，对于开发员的招聘，经验丰富的开发员不但要寻找那些熟练的语言程序员，还要求候选人既要具备一般的逻辑思维能力，又要能在巨大的工作压力下保持良好的工作状态。

微软公司还要求每一个面试者对每个候选人做一次彻底的面试，并写出一份详细优质的书面报告。这样一来，能通过最后的筛选的人员的比例相对来说就比较低了。例如，在大学招收开发员时，微软通常仅选其中的10%～15%去复试，而最后仅雇佣复试人员的10%～15%，即从整体上讲，微软仅雇佣参加复试人员的2%～3%。

正是这样一套严格的筛选程序，使得微软集中了比世界上任何地方都要多的高级计算机人才。他们以其才智、技能和商业头脑闻名，是公司长足发展的原动力。

日本企业在选人方面也可谓费尽心机，因为他们懂得选人的重要意义：只有选得严格，才能用得准确，提高管理能力，从而收到预期的效果。

日本企业的员工，之所以工作积极性高涨，首先就在于企业选人有道。日本一家拉链厂为了选一个车间主任，厂领导先后同应聘的十余位候选人交谈，初步选中一个之后，又把他放在好几个科室去分阶段试用，试用合格后才最终留下来。

在选人时，管理者要全面考察一个人的德才学识。德才学识，是一个人的知识和技能统一的表现，在现代信息化的社会显得尤为重要。

日本住友银行在招考新行员时，总裁出了这样一道题："当住友银行与国家利益双方出现冲突时，你认为如何去办才恰当？"许多人答说："应该以住友的利益为重。"总裁的评语是："不能录用。"还有许多人回答说："应该以国家的利益为重。"总裁的评语是："答案合格，不足录取。"仅有少数人回答说："对于国家利益和住友利益不能兼顾的事，住友绝不染指。"总裁这才认可说："这几个人有远见卓识，可以录用。"

日本电产公司在招聘人才时标新立异。该公司招聘人才时主要测试以下三个方面：自信心测试、时间观念测试和工作责任心测试。

自信心测试的方法是让应试者轮流朗诵、讲演、打电话，根据声音的大小、谈话风度、语言运用能力来考核。他们认为，只有声音洪亮、表达自如、信心百倍的人，才具有工作能力和领导能力。

时间观念的测试的方法是，在规定的应试时间内谁来得早就录取谁。另外，还要进行"用餐速度考试"。比如，通知面试后选出的 60 名应试者在某日进行正式考试，并说公司将在 12 点请各位吃午饭。考试前一天，主考官用最快的速度吃了一份生硬的饭菜，计算一下时间，他大概用 5 分钟吃完，于是和其他考官商定：在 10 分钟内吃完的复试者就算及格。次日 12 点，主考官向复试者宣布："正式考试一点钟在隔壁房间进行，请大家慢慢用餐，不必着急。"结果，复试者中吃饭速度最快的人不到 3 分钟就吃完那份生硬的饭菜。在 10 分钟之内，已有 33 人吃完了饭菜。于是，公司将这 33 人全部录取了。后来，他们大多成为公司的优秀人才。

责任心测试则是要求，新招的员工必须先扫一年的厕所，而且打扫时不能用抹布和刷子，必须全部用双手。结果，不愿干或敷衍塞责的人就被淘汰掉了，表里如一、诚实的人则被最后录用了。从质量管理的角度看，能够把别人看不到的地方打扫干净的人，往往不单单追求商品的外观和装潢，还能注意人们看不到的内部结构和细微部分，从而在提高产品质量上下工夫，养成不出废品的好习惯。这是一个优秀的质量管理者应该具备的美德。

日本电产公司正是采用了上述三招奇特的招聘术获得了适合自己的人才，使得公司生产的精密马达打入了国际市场，资本和销售额增长了几十倍。

从微软和几家日本公司的选才制度中我们可以看出，要选取适用的人才、充分发挥人才的作用，企业就必须根据自身的情况量身定做，通过各种途径招聘优秀人才。在招聘过程中，并不一定要遵循什么章法，但优秀的人才自然具备很多共有的出色能力，比如特别擅长某种技术工作等。找到了具备多种优秀品质、优秀能力的人，你也就网罗到了出色的人才，为合理使用这些人才打下了坚实的基础。

客观了解下属，不要傲慢与偏见

自古至今，在管理上所出现的问题，最基本的原因在于管理者没能对属于自己团体中的人员有一个全面、客观的认识和了解。

要管好一个团体，就要对身在其中的人有一个公正、客观的认知。而要做到这一点，首先要做的就是打破识人时的光环效应。我们只有从光环效应中走出来。才能全面、客观地认识和了解部属，才能发现需要的人才，并且运用好人才，促使自我的事业更为兴旺。纵观现今称雄于世界的各大企业，无论是微软，还是通用。它们之所以能够取得今日的辉煌，很大一部分原因，就在于它们的管理者，在识人用人时，做到了全面、客观、公正，而不会受到光环效应的影响。其中，松下电器王国的缔造者，被誉为日本经营之神的松下幸之助就是个高手。

山下俊彦起初只是一名普通的员工，但松下幸之助拥有一双独到的慧眼，并一直关心和尊重下属。一段时间的观察后，他看出山下俊彦具有出众才能，认为他是松下家庭中根本找不到的杰出人才。山下俊彦在工作中他对公司内部因循守旧等弊端看得准，锐意改革，成绩卓著。当时，松下公司里面凡是要职都被松下家族中的人所把守。山下俊彦是外人，而且出身寒微，但松下幸之助不计较这些。在山下俊彦 39 时，松下幸之助力排众议，破格提升他为松下分公司部长，后来连续提拔他担任要职并委任他为公司董事。山下俊彦不负众望，真的成为整个公司中最优秀的"将才"。

山下俊彦年富力强之时，在松下公司所有董事中仅名列第 25 位，松下幸之助再次将他直接提升为总经理。山下俊彦就任总经理后，迅速扭转了公司在市场上的不利局面，领导松下电器渡过了难关，并使其更加壮大起来。

正因为松下幸之助具有杰出的识人眼力和独到的用人思维，才使企业不断发展壮大。如果，松下幸之助没能走出光环效应的影响，他又怎么会去注意一名既不属于自己家族，又仅仅只是一名普通职员的山下俊彦呢？就更不会将山下俊彦破格提拔为总经理啦！

我们应该多向松下先生学习，或许我们做不到他那般优秀，但至少我们应该做到：

1.走出自我，以客观态度看待人才。我们若总是以自我为中心，以自己的好恶来评价人才，那明显是不客观、不公正、不科学的。

一些朋友在选人、用人时，常常不由自主地挑选那些和自己类似的人。譬如，性格耿直的管理者常选拔性格耿直的人；性格内向、作风沉稳的管理者却认为性格内向、作风沉稳的人最能干、最值得信赖。这样做的结果会怎样呢？实际上，长此下去，管理层的年龄结构、知识结构、气质结构、专业结构会很不合理，直接影响管理效能的提升。

2. 不要先入为主，以用固有的思维、观念来评判下属。在很多的时候，我们会受到早就存在，并被人接受以及认可的看法以及观点。这种看法和观点对我们评定下属是不是人才，以及安排相应的工作影响较大，如果不能够消除脑海中的这种固有的思维和观念，带着这样的成见去看下属，往往会使得人才与我们擦肩而过。

3. 把人才放在实际的工作中去检验。无论我们有多么睿智，要对所属团体的人有一个全面的认识，最好的办法就是让他们去做一些实际的工作，让他们在工作中将自我的品性以及能力的优缺点自然而然的表现出来。这就像是，日常生活中，我们在使用某一机器时，仅仅看产品介绍和说明书，不去实际使用，是很难真正的知晓其功能以及如何安全、科学的运用一般。

总而言之，我们在挑选下属、给下属安排相应的工作任务时，必须对他们有一个客观、公正的了解，千万不要以自我的思维和意识对他们做推测性的判断。若是这样，那我们就绝不能称之为合格的领导。

熟知下属长短板，取其长避其短

发掘人才是企业寻找人力资源的重要途径，管理者有时却不关注这一点。发掘不了人才，就等于不能使用人才，就等于浪费人才。

企业的生命在于人力，而最大的人力来源于领导有效地发现所有下属的才智，使其各尽所能。假如企业管理者不会发掘人才，便是一种盲目管理。那么怎样避免这种现象的发生呢？

1.管理者要先了解下属的优点、特长，考虑如何能使他发挥最大的才能。

企业管理者应该敏锐地发现下属潜在的才能，并且不灰心、不气馁地帮助他发展才能。如果具备了这样的精神，或许别人认为平凡或一般水平以下的人，也有可能产生非凡的能力，这是多数人预料不到的。因此做管理者的，一定要认真进行这项努力。

即使不能达到预期的效果也无妨，最起码和过去相比较，很显然他会有所进步，而这种成长的过程，对他个人来说，是一种精神上的财产；对身为管理者的人而言，也是一种莫大的喜悦。

某大公司的人事管理者，向来以擅长发掘人才闻名，他说："人的性格是表里合一的，外在行事大胆，个性就暴躁易怒，而表面细腻紧密，内在就很神经质。我在任用下属时，就观察他表面的长处，尽可能发掘其长处，而包容其短处，因为短处往往也可反过来成为长处。"

2. 企业管理者要发现人才，必须根据所做工作的特性，来寻找合适的人选。可以先多挑选几个人，然后再从不同的方面加以精选；或者组成一个协作团体，使他们的才能组合起来，构成整体，从而符合"三个臭皮匠胜过一个诸葛亮"的用人原则。这就是说，发现人才实际上是对下属工作能力的评估过程。

发掘人才，既需要眼光，也需要耐心，二者缺一不可。一个不善于发掘人才的企业管理者，只能埋没人才，给企业带来经济损失。因此，发掘人才是体现企业管理者眼力和能力的标志之一，不应漠视。

一位合格的现代企业管理者必须懂得取长补短、以长制短的用人原则，而力戒长短不分、以短为长的盲目行为，这样才能发挥员工在企业中的位置和作用。

俗话说："尺有所短，寸有所长。"事实上，完美的人才是没有的，而这也正是对管理者才干的一个考验：一个不合格的管理者，只会用人之短，而不会用人之长；而一个优秀的领导者，则会用人之长，而不会用人之短。后者的做法是管理者用人的重要原则。

善于管理的管理者应当知道下属的优点和缺点，并在适当的时候和恰当的位置上运用其人，这样就可以做到扬长避短了。在这里，我们先从性格出发，来分析下属的行为特征，从中分辨出下属的"长"与"短"，以便管理者用人时发挥出参考作用。

◆性格坚毅刚直的下属，长处在于能够矫正邪恶，不足之处在于喜欢激烈地攻击对方。

◆性格柔和宽厚的下属，长处在于能够宽容忍耐他人，不足之处在于经常优柔寡断。

◆性格强悍豪爽的下属，称得上忠肝义胆，却过于肆无忌惮。

◆性格精明慎重的下属，好处在于谦恭谨慎，却经常多疑。

◆性格强硬坚定的下属，起到稳固坚定的支撑作用，却过于专横固执。

◆善于论辩的下属，能够解释疑难问题，但性格过于飘浮不定。

◆乐善好施的下属，胸襟宽广，很有人缘，但交友太多，难免龙蛇混杂。

◆清高耿直、廉洁无私的下属，有着高尚坚定的情操，却过于拘谨约束。

◆行动果断、光明磊落的下属，勇于进取，却疏忽小事，不够精明。

◆冷静沉着，机警缜密的下属，善于探究小事，细致入微，动作却稍嫌迟滞缓慢。

◆性格外向的下属，可贵之处在于为人诚恳、心地善良；不足之处在于太过显露，没有内涵。

◆足智多谋，善于掩饰感情的下属，长处在于权术计谋。他们灵活机智，富有韬略，在下决断时又常常模棱两可，犹豫不决。

◆性格温柔和顺的下属，行事迟缓，缺乏决断。因此，这种人常常遵守常规，却不能执掌政权，解释疑难。

◆勇武强悍的下属，意气风发，勇敢果断，但他们从不认为强悍会造成毁坏与错误，视和顺忍耐为怯懦，更加任性妄为。

◆好学上进的下属，志向高远。他们不认为贪多骛得、好大喜功是缺点，却把沉着冷静看作是停滞不前，从而更加锐意进取。因此这种人可以不断进取，却不甘心落后于人。

◆性格沉着冷静的下属做起事来深思熟虑，他们不觉得自己太过于冷静，以至于行动迟缓。因此这种人可以深谋远虑，却难以及时把握机会。

◆性情质朴的下属，他们的心地痴顽直露，行事直爽。因此这种人可以使人信赖他们，却难以去调停指挥，随机应变。

◆富有谋略、深藏不露的下属，善于随机应变，取悦于人。因此这种人往往不易显露其真实的想法，常常表里不一。

以上18类仅仅是一个概括，不可能包括所有人，但是，其中已经大体表明这样一个基本道理：下属各有性格特征，皆有长短，关键在于管理者如何根据工作的特性去精心安排下属。一位下属的优点是企业管理者调控下属的核心，管理者的职责就是合理地搭配下属的优缺点，否则就是不称职的。

因此，善于发现下属的优点和缺点并扬长避短，是一位企业管理者不可忽视的用人之道。作为管理者，你不妨用归纳法逐个分析下属，分别找出他们的长处和短处，使其各有所用。

用对人，就是知道什么人适合做什么事

在一定程度上，一个人能力的大小以及性格的变化取决于他的胸怀与禀性，心胸狭窄、禀性不良的人不能指望他为善，禀性懒的人不能指望他做事勤快。注重道德和品行修养的人不会干凶恶阴险的事，追求公平正直、心无偏私的人，不会伤害朋友。

管理者假如能把握好下列 12 种不同性格的人，学会识别并善用他们，就一定能把团队带到一个辉煌的层面上。

1. 宏阔之人

这种人交友广泛，待人热情，出手阔绰大方，处世圆滑周到，能得到各方面朋友的好感和信任。他们善于揣摩人的心思，投其所好，长于与各方面的人打交道，混迹于各种场合而左右逢源。适合于做业务工作和公关，能打通各方面的关节。

但因所交之人鱼龙混杂，又有点讲义气，往往原则性不强，容易受朋友牵连而身不由己地做错事，很难站在公正的立场上论事情的是非曲直，不适宜矫正社会风气。

2. 雄悍之人

这种人有勇力，但暴躁，认定"两个拳头就是天下"，恃强鲁莽，为人讲义气，敢为朋友两肋插刀，属性情中人。

他们的优点是为人单纯，没有多少回肠弯曲的心机，敢说敢作敢当，有临危不惧的勇气，对自己衷心折服的人言听计从，忠心耿耿，赤胆忠诚，绝不出卖朋友。

缺点是对人不对事，任凭性情做事，因其鲁莽往往会犯下无心之过。

3. 强毅之人

这种人性情硬朗，意志坚定，刚决果断，勇猛顽强，敢于冒险，善于在抗争性的工作中顽强拼搏，阻力越大，个人力量和智慧越能得到淋漓尽致地发挥，属于枭雄豪杰一类的人才。

缺点是易冒进，骄傲于个人的能力。权欲重，有野心，喜欢争功而不能忍。他们有独当一面的才能，也能灵活机动地完成使命，是难得的将才。但一定要注意把握好他们的思想和情绪变化，这可能是他们有所变化的信号。

4. 柔顺之人

这种人性情温和，慈祥善良，亲切和蔼，不摆架子，处世平和稳重，能够照顾到各个方面，待人仁厚忠实，有宽容之德。如柔顺太过，则会逆来顺受，随波逐流，缺乏主见，犹豫观望，不能果决，也不能断大事常因优柔寡断而痛失良机。

因与人为善又可能丧失原则，包容袒护不该纵容的人。在许多情况下，连正确的意见也不能坚持，对上司有随意顺从的倾向。如果刚决果断一些，正确的能极力坚持或争取，大事上把握住方向和原则，以仁为主又不失策略机变，则能团结天下人才共成大事。这就是曾国藩所说的"谦卑含容是贵相"。否则，只是幕僚参谋的人选。

5. 固执之人

这种人立场坚定，直言敢说，也有智谋，可以信赖，行得端，走得正，为人非常正统，不论在思想、道德、饮食、衣着上都落后于社会潮流。有保守的倾向，也比较谨慎，该冒险时不敢，过于固执，死抱住自己认为正确的东西，不肯向对方低头，不擅长权变之术。

这种人是绝对的内当家，是敢于死谏的忠直大臣。

6. 朴实之人

这种人胸怀坦荡，性情忠厚淳朴，没有心机，不善机巧，有质朴无私的优点。但为人过于坦白真诚，心中藏不住事，大口没遮拦，有什么说什么，太显山露水，城府不够，甚至可能被大家当傻瓜看，作为取笑对象。与这种人合作，尽可以放心。

但这种人，办事草率，有时又一味蛮干，不听劝阻，该说的说，不该说的也说。虽说坦诚是为人处世的法则，但一如竹筒倒豆子，少了迂回起伏，也未必是好事。如果能多一份沉稳，多一点耐心，正确运用其诚恳与进退谋略，成就也不小。

7. 好动之人

这种人性格开朗外向，作风光明磊落，志向远大，卓立不群，富有开创精神，凡事都想争前头，不甘落在人后，往往从中产生出莫大的勇气和灵感，不轻言失败，成功欲望强烈，永远希望自己走在成功者的前列。

缺点是好大喜功，急于求成，轻率冒进，如果在勇敢磊落的基础上能深思熟虑、冷静应对，则能取得重大成就。又因为妒忌心强，如果不注重自身修养，会因忌妒而犯错误。如果将忌妒心深藏不露，得不到宣泄，可能致人格偏失到畸形。

8. 沉静之人

这种人性格文静，办事不声不响，作风细致入微，认真执著，有锲而不舍的钻研精神，因此往往成为某一个领域的专家和能手。

缺点是过于沉静而显得行动不够敏捷，凡事三思而后行，抓不住生活中擦肩而过的机会。兴趣不够广泛，除兴趣所在之外，不太关心周边的事物。尽管平常不太爱讲话，但看问题又远又深，只因不愿讲出来，有可能被别人忽略。其实仔细听听他们的意见是有启发的。

9. 辩驳之人

这种人勤于独立思考，所知甚博，脑子转得快，主意多，是出谋划策的好手。

但因博而不精，专一性不够，很难在某一方面做出惊人的成就。不愿循着前人的路子，因此多有标新立异的见解。口辩才能往往也很好，加上懂得多，交谈演讲时往往旁征博引，让人大开眼界。如能再深钻一些，有望成为百科全书式的人物。为人一般比较豁达，因此也能得到上下之士尊敬。

10. 清正之人

这种人清廉端正，洁身自爱，从本性上讲不愿贪小民之财，富有同情心和正义感，因此，看不惯各种腐败而不愿为官，即使为官也是两袖清风，不阿谀奉承，偏激的人甚至辞官不做，去过心清神静的神仙日子。

由于他们原则性极强，一善一恶界限分明，有可能导致拘谨保守，又因耿直而遭奸人嫉恨陷害，难以在政治上取得卓越成就。有狂傲不羁个性的，反而在文学艺术上会有惊人的成就，在那个天地中可以尽情自由地实现他的理想和抱负。

11. 拘谨之人

这种人办事精细，小心谨慎很谦虚，但疑心重顾虑多，往往多谋少成，不敢承担责任，心胸不够宽广。他们驾轻就熟，在力所能及的范围内能很圆满地完成任务。可一旦局面混乱复杂，就可能头昏脑涨而做不出果断、正确的抉择，难以在竞争严酷的环境中生存。

他们生活比较有规律，习惯于井井有条而不愿随便打乱安静平稳的识人术的目的不仅知人，更重要的是在了解其人之后，采取相应的措施去用人。

第二次世界大战时英国著名的蒙哥马利元帅曾经有过这样一段话："我们把军官分成四类，聪明的、愚蠢的、勤快的、懒惰的。每个军官至少具备上述两种品质。那么，聪明而又勤快的人适宜担任高级参谋；愚蠢而又懒惰的人可以被支配着使用；聪明而又懒惰的人适合担任最高指挥；至于愚蠢而又勤快的人，那就危险了，应立即予以开除。"

12. 韬智之人

这种人机智多谋又深藏不露，心中城府深如丘壑，善于权变，反应也快。如果立场不坚定，易成为大奸之人，往往见风使舵，察言观色确定自己的行动路线，智谋多变。如果忠正有余，则会成为张良一类的奇才。

办事能采取比较得体的方法，表面谦虚，实际上不会吃哑巴亏，暗藏着报复心。用人讲求乱世用奇，治世用正。这种人不论在乱世还是治世，都能谋得自己的一席之地，是懂得变通的善于保全自己的一类人。因诡智多变，可能节气不够，不宜选派这种人掌管财务、后勤供应等事。

眼睛不要一直盯在别人的缺点上

所谓人无完人，那么，对人就不可以苛求，否则将"世无可用之人"。正如古人所说的那样："水至清则无鱼，人至察则无徒。"

张总是个儒商，常做出一些出人意料的决策使公司在商战中绝处逢生。随着生意越做越大，张总用的人也越来越多。这天，张总正在办公室里闭门看书，年轻的女秘书推门走了进来。

张总放下手中的书问："有事吗？"

秘书站在办公台前认真地点了点头说："嗯！想向您汇报一下收集到的人事上的一些反映！"

张总指了指旁边的沙发说："坐吧，有话慢慢说！都有些什么反映呀？"

"销售部经理上任一个月来经常不按时上下班，中途经常外出。这是违反公司规定的！"秘书打开手中的文件夹看着上面的记录说。

"问过原因吗？"

"他说是跟客户有约，事没谈完不好丢下客户不管。据说他原来在其他公司是出了名的自由散慢分子。"秘书回答。

"还有呢？"张总和气地问。

"策划部新上任的副经理老与那几个科班出身的意见不合，经常吵得不可开交，老说科班出身的做的方案书呆子气太重，不切合市场实际。科班的反说他不懂科学。"

"还有呢？"张总还是和颜悦色地问。

"财务总监生活中太抠门，"

"会计小张太爱打扮，差不多成了公司的一朵花。"

"人事经理老余一下班就回家，从不与大家一起交流，有人说他行为太古怪。"

"是不是有人说清洁工上班不穿平底皮鞋，老穿着双胶鞋有碍观瞻呀？"张总打断了秘书的话问。

"对呀！正是有人这样说！张总您怎么连这事也知道呀？"秘书吃惊地问。

"那你有没有了解这几个人的工作业绩呢？"张总没有回答秘书和问话，反问了一句。

秘书又打开文件夹看着上面说："我了解过，销售量上升了百分之十三；策划部的几个方案也受到了客户的好评；其他方面的工作都有明显的进步！哦！我明白您的意思了，但他们的这些缺点也不能不管吧！"

张总听后，头往椅背上一靠说："在我的眼里只看到他们的长处，只考虑这些长处对公司能发挥多大的作用。我要是老把眼光盯在下属的缺点上，我还有可用之人吗？恐怕连你也不能坐在这里和我说话吧！"

一个人的功绩必有不全面的地方，能力必有不能胜任的地方，才能必有不足够的地方。既然人无完人，那么顺理成章的结论，是对人才不要求全责备。

不管任何人，如果他所使用的都是没有弱点的人，那么他所领导的机构，最多也只是一个平凡的机构。所谓完美无缺的人，实际上只不过是二等角色。才干越高的人，其缺点也越显著。在这个世界上没有人会在各方面都是突出的。用整个人类的知识、经验和才能来衡量，即使是最伟大的天才也是完全不合格的。世界上没有"完人"这回事，只是有些人在某一方面显得比别人"能干"一些罢了。

会用人，就是能让缺点也为我所用

用人要用其所长，这是人所共知的管理秘诀，做到这一点已属难能，但还有一种更高明的管理手段，就是巧妙利用下属的缺点，让缺点和短处也能发光发热。

美国柯达公司在生产照相感光材料时，需要工人在没有光线的暗室里操作，因此培训一名熟练工人需要花很多时间。但公司发现，盲人可以在暗室里活动自如，只要稍加培训就能上岗，而且他们的活儿要比正常人精细多了。柯达公司从此以后就大量招用盲人从事感光材料的制作。

松下幸之助说，每一个人都有自己的缺点和优点。十全十美的人固然没有，一无是处的人也不会存在，身为一名管理者，如果总觉得下属这也不行，那也不好，以"鸡蛋里挑骨头"的态度来观察下属，不但下属做不好事，久而久之，你就会发现周围没有一个可用的人了，当你要委派任务时，一定会觉得不放心而犹豫不决。

对于短处，还有许多人的态度只是"容忍"，而不是去利用。是"容忍"还是"利用"，其结果是截然不同的。

有这样一件事情，在一次工商界聚会中，几位老板谈起自己的经营心得，其中一位说："我有三个不成材的员工，念在他们三个都是老员工，我一直不忍心开除他们。这三个人，一个整天嫌这嫌那，专门吹毛求疵，一个杞人忧天，老是害怕工厂出事，还有一个经常不上班，整天在外面闲荡鬼混"。另一个老板听后想了想说："既然这样，你就把这三个人让给我吧！"

这三个人第二天到新公司报到，新的老板开始分配工作：喜欢吹毛求疵的人员负责产品质量；害怕出事的人让他负责安全保卫及保安系统的管理；喜欢闲荡的人让他负责商品宣传，整天在外面跑来跑去。三个人一听职务的分配和自己的个性相符，不禁大为兴奋，兴冲冲地走马上任。过了一段时间，因为这三个人的卖力工作，居然使工厂的营运绩效直线上升，生意蒸蒸日上。

一个人的短处是可怕的，仅仅"容忍"还不够。"短处"是工作中潜在的炸弹。最明智的办法是利用"短处"，这样才有可能最大限度地减少危害，"容人之长，用人之短"，可以保证人尽其才。

有道是："水不激不跃，人不激不奋"。如何使人力资源发挥最大效能，用人者扮演着乐队指挥的角色，起着至关重要的作用，如果说我们能像上文中那位管理者一般，懂得用人所长，容人所短，就能令团队形成"智者尽其谋，勇者尽其力"的踊跃局面。因此说，我们看人应首先看他能胜任什么工作，而不应千方百计挑其毛病。

用好刺头身上的那根"刺"

兔子也有发威之时，老虎也有温柔一面，每个人同样具有善恶分明的两套反应和处理系统，如何扬善抑恶，使消极变积极，是每个管理者的大智慧之所在。

很多企业，都存在所谓的"刺头"，这些人身上带着一眼就能看到的缺点，通常也是让领导者头疼的人物。但不能忽略的是，这些人往往也是真正有本事的人。在唐僧那个团队中，孙悟空就是个名副其实的刺头。三打白骨精，领导说不许打，孙悟空偏要打，这就是刺头。沙僧是个老实人，可从头到尾都在挑担子，打妖怪最多的还是孙悟空。然而唐僧可以念紧箍咒来管理孙悟空，那么作为管理你该怎么办？

　　权利主义者的做法往往是把刺头都开除了，然后觉得自己威风得不行，实际上只有无能的管理者才会开除刺头，刺头也只有觉得在这里没发展了才会离开。正如马云所说："离职的原因归根到底就一条：干得不爽。员工临走还费尽心思找靠谱的理由，就是为给你留面子，不想说穿你的管理有多烂、他对你已失望透顶。"

　　事实上，把刺头全部开除，以保持组织的纯洁度，到最后你带出的可能会是一个非常听话却平庸无比的团队。

　　用人，不在于如何减少人的短处，而在于如何发挥人的长处。

　　林肯任美国总统时。有一天，参议员蔡思来他的办公室跟他谈事情，正巧一位名叫巴恩的银行家前来拜访他。巴恩看见蔡思从林肯的办公室走出来，对林肯说："总统先生，如果您要组阁，千万不要使用此人，因为他是个极其自大的家伙，他甚至对人吹嘘他比您要伟大得多。"林肯笑了，说道："哦，是吗？除了他，您还知道有谁认为他自己比我伟大得多的？"巴恩答道："据我所知，没有。您为什么这样问呢？"林肯说："因为我想把他们全部选入我的内阁。"

　　事实上，巴恩说的没错，蔡思确实是个骄狂自大而且嫉妒心重的家伙。他狂热地追求权力，曾参与总统竞选，不料落败于林肯。最后，只坐上了第三把交椅——财政部长。不过，他也的确是个大能人，精于财政预算与宏观调控。林肯一直十分器重他，并通过各种手段尽量减少与他的冲突。

　　后来，《纽约时报》的主编亨利·雷蒙顿拜访林肯，也特地好心提醒他，蔡思正在策划竞选，谋求总统职位。林肯以他一贯的幽默口吻对亨利说："听说你也是在农村长大的，我想你一定知道马蝇。有一次，我和我弟弟在农场里耕地。我赶马，他扶犁。被我们使唤的那匹马很懒，磨磨蹭蹭不愿干活。但是，某个时刻它却突然干活很卖力，跑得飞快。我想找到原因，便仔细观察他全身，这才发现，原来一只很大的马蝇叮在它的屁股上。我伸手正准备把马蝇打掉，我弟弟问我为什么要打掉它。我说不忍心看着马被它咬。弟弟说：'哎呀，你不懂，就是因为有那家伙叮着，马才跑得那么快呀。'"然后，林肯意味深长地对亨利说："现在正好有一只名叫'总统欲'的'马蝇'叮着蔡思先生，只要它能使蔡思不停地跑，我还不想打落它。"林肯的胸襟和用人之道，使他成为美国历史上最伟大的总统之一。

带着欣赏的眼光去看，下属全是优点，带着偏见去看，下属全是缺点。发现他们的优点，使用他们的优点，才是管理者要做的事情，而不是揪着他们的缺点不放。

通常情况下，那些刺头之所以敢做"刺儿头"，都是有原因的，我们完全可以根据原因对症下药，让一切可以使用的力量为我所用：

1. 有背景

在我们的国情下，"背景"就是一个人最大的资源。"刺儿头"的背景或许是政府要员，或许是老板，也可能是你工作中的某个具有重要意义的"合作伙伴"。从积极方面看，"背景"这种资源若能为我们所用，在某些关键的时候能起到不可替代的作用。用常规的方法无法处理的这类难题，到了这类员工手里，有可能只是一句话的问题。

但这类员工特殊的背景，在带来好处的同时，也为我们平添了许多麻烦。"刺儿头"们有的并无真才实学，却在工作中常常有意无意地向同事或上司炫耀自己的背景，以显示自己的面子和在工作中得到便利。比如，即便犯了错，仗着有"背景"他们也可以免受处罚。对于这类人，我们需要把握好一个尺度。

2. 高学历、高能力、技艺独到、经验丰富

正因为他们具有一些其他员工无法比拟的优势，所以能够在工作中表现不俗，其优越感更进一步地凸现。这种优越感发展到一定的程度时，直接体现为高傲、自负，以及野心勃勃。他们不屑于和同事们交流和沟通，独立意识很强，协作精神不足，好大喜功，小事不爱做，不把我们这些领导放在眼里，甚至故意无条件地使唤别人以显示自己的特殊性。从工作能力上看，他们中的大部分都是"精英"，是团队的骨干力量，但从管理角度来看，这些人很多时候扮演了一个"组织破坏者"的角色，可能会因此造成其他同事的反感，也可能因为与其他同事越走越远而成为团队冲突的源头。

对付这类"刺头"，我们一定要沉得住气，不要和他们斤斤计较。但该批评时要敢于批评，适当挫一下他们的锐气；该表扬时要表扬，激发他们更进一步的热情。在这一柔一严之间，让他们心甘情愿地接受驱使，为我所用。

3. 性格"另类"、开朗、有个性

得益于自身的性格，这类人一般都具有不错的人缘。而且，那"上蹿下跳"的天赋令他们很善于集结关系。我们可以将其从"死板"的工作方式中解放出来，令他们充当"急先锋"。如，给他们一些策划企业集体活动的工作，让他们充分发展个人能力，为企业创造良好的氛围，这样便可发挥出他们的最大效用。

管理"刺儿"其实并不难，正确的引导、梳理、管理，充分挖掘

147

他们的可用之处，给他们可以充分施展自己才能的机会，让他们觉得自己得到了你的认可，最终，他们也会认可你，成为你最得力的助手。

因事设人，才能让人才各尽所长

处理人事关系是我们案桌上的大事，因为它属于开发人力资源的问题。解决不好这个问题，我们就会被拖得精疲力尽。

简单地说，每个人都有自己的特长和弱项，然而一个团队里的职务就是那么多，如果根据取长弃短的原则给每个人安排一个职务，显然是不可能的。如果硬要安排，只能是形同虚设，毫无意义。所以，若是高明的管理者应善于因事设人，而不会因人设事，应该尽量坚持取长补短的原则，给每个下属安排一个最适合的职务，但又不顺从他们，而是在职务的限制下自由发挥。这就是因事设人。

L电器公司董事长赵某面临着艰难的抉择。他手下有两名爱将，多次临危受命，都曾为公司的发展立下过汗马功劳，且一直对自己忠心耿耿。如今，前任总经理年迈退休，他要在二人之间选出一个扛大旗。可是，该选谁呢？ A君的特点是做事善始善终，B君的特点是精力充沛，能够多管齐下，一年内做出很多事来。按理说，二人论能力，论资历，都可以荣任总经理的职位，提谁上位，另一个势必心里不舒服。

这两个爱将，老总一个也不想伤害，可又不能设置两个总经理职位。

思前想后，老总决定让二人来一个竞争上位，谁在一个月内完成的销售额高，谁就做总经理一职，另一个则去做公司的人事总监。二人欣然领命。结果，善于多管齐下的 B 君胜出，而 A 君愿赌服输，毫无怨言地去担任自己的人事总监了。

事实证明，赵某的这次任命是非常成功的。A 君老成持重，善始善终，将人事工作处理的井井有条，B 君思维敏捷、果断干练，令公司的业务蒸蒸日上，整个企业呈现一片欣欣向荣的景象。

其实，赵某或许心中早已选定 B 君为公司的新任总经理，只是害怕伤害 A 君，所以迟迟无法做出决断。他倡议的"竞争法"其结果或许早已心中有数，但只有这样做才能让 A 君不生怨言，心服口服——毕竟自己能力有限，B 比自己更适合做总经理。赵某的做法堪称高明，他因事设人，即稳定了爱将的情绪，又将他们任命到了各自合适的位置上，即避免了伤元气的内部争斗，又使公司走向了稳定、发展的局面。

"因人设事"之所以与"因事设人"相对立，是因为它们体现了两种不同的用人态度和方法。我们这些管理者不应该漠视公司的实际需要而安置"多余人"，安置"多余人"只能给公司带来人浮于事的不良效果。因此，"因人设事"是我们不可不重视的戒律。一般来讲，"因人设事"有 8 大弊端：

1. 使公司管理出现人员"拥挤"的现象，从而使公司效率低下；

2. 给公司管理带来复杂的人际关系，以至于形成"关系网"；

3. 由于人浮于事，从而使公司的具体工作没有秩序，没有标准的；

4. 会把公司的本位工作置于次要地位，而夸大人情的作用；

5. 会使公司在复杂的人际网络中逐步失去内在的活力和竞争能力；

6. 会使公司人才遭到创伤，因为不正常的人际关系会制约有用人才发挥作用；

7. 会给公司岗位职责带来破坏作用；

8. 会给公司带来"僧多粥少"的管理困境，从而造成经济效益短缺，财政支出浪费的现象。

当然，"因人设事"的弊害不止于此，其中最致命的一点就是会给团队合理运用人才带来负面效应，从而使团队彻底丧失内部管理机制，出现任人唯亲的恶果。所以，我们若是一位对团队抱有责任感的管理者，就一定要在"因人设事"与"因事设人"两方面做出正确的选择，大体上说，我们应该这样做：

1. 让人才各就其位

事业为本，人才为重，人事两宜是管理者用人的重要原则。人事两宜，包括两个含义：第一按照需要，量才使用。社会的发展不仅迫切需要各方面的人才，而且也为发挥人才的作用开辟了广阔的道路。积压人才，用非所学，不把人才分配到最能发挥其专长的地方去，强人所难，就会影响团队的发展。第二要了解人，而且要了解得彻底，还要有全面的观点，在使用人才时要职能相称，量才适用，适才所用。人才是有不同层次和类型的，要做到大才大用，小才小用，使相应的人才处于相应等级岗位，把人的才能、专长与岗位、职务、责任统一起来。

所以我们在选人用人的时候，不仅要考虑全局，教育下属服从需要和分配，而且必须考虑他们的志趣、特长、气质、能力，做到合理使用，让每个人去干自己最擅长的工作，为他们提供充分施展才能的条件和机会，不要强人所难。这样既能避免大才小用，造成人才有余，浪费人才，也能避免小才大用，才不称职，贻误工作。

2. 让人才尽其所长

那些高明的管理者在管理人才时，总是根据人才的潜能、特长和品德合理地使用他们，分配给人才使用的权力必须足够使其发挥作用，如果出现错误，结合其优势督促人才合理改进，人才自然会愉快地接受。如果分配给人才的职位，根本不能发挥他们的才能，在这种情况下，人才连适应都来不及呢，哪里还能发挥什么才干呢？

3. 用人因人而宜

我们用人需根据人才的条件进行安排，人才发挥作用建功立业也同样需要有客观条件，条件不具备时，人才即使有比尔·盖茨、戴尔、杨致远的能力，也会徒劳而无功，发挥不了作用。另一方面，人才各有不同，有的人善于按最高管理者意思做事，能做到这点时，他很容易满足；有的人志在管理好全局，全局管理好了，他就会高兴；有的人懂得管理社会事物，懂得什么事现在可以做，什么事将来可做，善于适可而止，长远安排；如果能辨别以上各种情况，那么我们才能真正称为伯乐。

事实上，我们要做一个现代伯乐并不难，只要你在人与事的主次上恰当把握，就会做到因事设人，而不是因人设事。这样就会使团队中每个人都能胜任自己的工作，每项工作都有合适的人来完成，进而提高团队工作的整体效益。

人才合理搭配，效用就会翻倍

　　运用不同类型的人才，并将他们合理地组合起来，是企业人力资源规划的关键，也是一个企业能否对外发挥最大潜能的关键。合理的人才组合可以使人才个体在总体的引导和激励下释放出最大的能量。

　　一个团队只有实现人才之间的合理搭配，让每个人才得到最大程度的发挥，才能成为高效益、有活力的团体。一个人即使再能干，其个人的力量终究是有限的，企业在选人用人时，要认真研究个体，通过合理搭配，发挥出整体效益。人才组合不一定都要追求"强强联手"，重要的是要追求优势互补，将不同类型的人才进行合理的搭配。

　　丹麦天文学家第谷有着极为敏锐的观察力，经过长期日夜观察，他获得了大量一手天文资料。此前托勒密的地心说统治着天文学界，第谷的学说也没有摆脱这一束缚。1599 年，第谷请了一位助手，德国天文学家开普勒。开普勒没有第谷那么杰出的观察能力，但他的理论分析和数学计算才能非常突出。两人在一起合作不到两年，第谷就去世了。以第谷丰富、大量的观察资料为基础，开普勒进行大量的理论分析和研究，大胆地提出了火星轨道为椭圆形的开普勒第一定律，接着又提出了第二定律（行星与太阳的连线在相等的时间内扫过相等的面积）和第三定律（行星公转周期的平方等于它与太阳距离的平方）。开普勒行星运行三大定律的发现，有力地证明了它是第谷观察才能与开普勒理论、计算才能互补效应的结晶。

优秀的管理者不仅要看到单个人才的能力和作用，更重要的是要组织一个结构合理的人才群体。要将不同类型的人才进行合理的搭配，并把他们放在最合适的地方，互补互足，相互启发形成一个有机的整体。通过这样合理的组织结构来弥补人才的不足，以求达到人才使用的最佳效能。

关于合理搭配人才的技巧，本书为大家提供了以下几点建议：

1.高能为核。能力出色，技能突出、创新思维突出或具有某方面专长的人，必须作为企业人才的核心，让他们成为员工的带头人。这样才能调动各方面的积极性和创造性。在企业中，一般而言能力最强的是最高领导者如总裁、总经理等，其次是高层管理者、中层管理者的正职等。作为部门管理者，在工作中要注意培养各领域的带头人，让他们发挥"高能核"的凝聚作用。

企业的一把手决定着企业的发展方向和生存命脉。如果他们能力不足、热情不高、独断专行，再好的管理者和员工也难以发挥他们的才智。一些能力不错的员工之所以辞职，就是因为上司不仅能力平庸，还容不得下属比自己优秀。下属不但不能学到东西，还觉得备受压抑，看不到上升的希望。丧失优秀的人才，企业又怎么能在激烈的市场竞争中赢得主动呢?

2.异质互补。具备不同性格、专业、专长的人在一起工作，经常讨论，往往能互相激发想象力与创造力。因此企业在运用人才时，应该根据岗位安排，将才能、性格不同的各类人才搭配在一起，以使他们之间进行互补。一个优秀的团队中，往往既有统御三军的帅才，又有领兵打仗的将才，还有协调八方的相才、执行决策的干才、精通业务的专才等。如果大家的性格、能力都差不多，不但无法互补，还容易造成相互排斥、相互否定，甚至相互拆台，形不成整体合力。

3. 德才不逾。选人才要看能力，当然品德不可忽视。我们说"高能为核"，前提是达到一定的品德要求。企业的领导不仅要指挥企业获得经济效益，还必须以自己的人格魅力取信社会、征服员工，才能带领企业走向真正的、长久的成功。越重要的岗位，对品德的要求越高。

所以，企业合理的人才结构是"贤者在上、能者居中、工者在下、智者在侧"。智者在侧，是说企业要组成智囊团，他们不参与直线职能，而是集中精力于制定高瞻远瞩的战略战术。对于单个的人，委任时也要考虑其品德。有德有才，信而用之；有德无才，帮而用之；无德有才，防而用之；无德无才，弃而不用。

4. 同层相济。一个企业里面，高、中、低各层次人才应保持合适的比例。一般说来，同一个层次的人不可过多，比如公司副职。否则他们在升迁等问题上会"撞车"，在日常工作中也容易扯皮和彼此拆台。其次，对同级不同部门人才的分配应尽量公平。如果将有能力的人都分配到 A 部门，升迁的机会只有那么多，僧多粥少，人才就会想方设法挤到 B 部门或者其他水平不高但升迁很快的地方去。这会使公司管理陷入混乱。

5. 动态调整。企业面临的外部环境是不断变化的，所以对人才的运用不能一成不变。管理者应根据年龄、性别、专业技能等因素，不断进行人才与岗位的调整。比如通过提拔、调任、培训、竞聘上岗等手段，激发人才的活力。另外，当企业目标、工作情况有大的变动时，须做出较大范围甚至全面的调整。

另外，企业在用人过程中还应注意在一定程度上打破部门壁垒，有针对性、有计划地让人才作合理流动，让人才能在各方面学习，在更广阔的天地里发挥作用。同时，这也是一种培养全面人才的手段。如果人才不能合理流动，在小环境里，容易窒息人才，使企业丧失活力。

用人需要疑，疑人也要用

自古以来，国人对"用人不疑，疑人不用"的管理原则就较为推崇，这似乎也是国内某些特定大型企业管理层的用人标准，因为不疑，所以放心，因为得到信任，所以可以出成绩，所以整个团队的事业都可以得到延续发展。但事实上，这种用人理念未免过于绝对。

历史上，关于"用人不疑，疑人不用"的典型故事有很多，三国尤甚，刘备尤甚。刘皇叔向来推崇"弘毅宽厚，知人善任"，似乎从不会怀疑自己的部下，于是刘、关、张、赵、诸葛在一起，共同谱写了一曲君臣知心的传奇。所以后世之人更是推举刘皇叔的家业为亲情凝聚的典范。

但客观地说，这只是封建社会中的佳话，用坊间流传的话来说，只不过是在合适的时间遇到了合适的人，因而做出了合适的事情，成就了合适的功绩而已。但如果将其运用到现代管理之中，则未必是绝对的好事。

换而言之，"用人不疑，疑人不用"这句话我们应该辩证地看，要考虑到当前的环境，当前的背景，从而摆正"疑"和"用"的关系。

首先，从正面的角度上看，"用人不疑，疑人不用"最重要的效用不是有效使用人才，而更多的是一种精神激励。也就是说你给员工足够的信任度，他们就会"受宠若惊"，甚至会把你视为知己，于是肝脑涂地亦在所不惜。若单从这个角度上说，"用人不疑，疑人不用"的管理原则，是值得我们借鉴的。

但是，请注意，这只是从正面的角度上说。事实上，团队处于不同的发展期，用人的策略亦应有所不同。譬如说，在团队组建之初，有多少成员我们一目了然，对于大家的各方面情况我们也能做到心中有数。在这个时期，采用"用人不疑，疑人不用"的管理策略，是完全可以的。因为对于小团体而言，管理者依靠此策略确实可以收到"笼络人心"的效果。然而，倘若团队一步步地做强做大，在职员工成百上千，这个时候再遵循"用人不疑，疑人不用"的策略，就不符合客观规律了。因为我们这些做管理者的，面对如此庞大的人群，不可能对每一个人的情况做到了如指掌。打个简单的比方，如果我们自己驾车，拉着几位朋友出游，那当然不需要安检，因为我们了解，这些朋友不可能做出什么违法乱纪的事情。但是在汽车站、火车站，工作人员就必须通过安检来保障所有乘客的安全。换而言之，由于本性、教育、价值观上的差异，人的道德水准良莠不齐，倘若我们视"用人不疑，疑人不用"为箴言，在自己的团队中一味贯彻，那就是管理上的一个误区。

这也就是说，我们这些做管理者的，切不可忽略了人性的无常。毕竟，人无时无刻不处于变化之中，此时他清醒，彼时就可能糊涂；此时他是君子，彼时亦可能是小人。从这个角度上讲，如果我们"用人不疑"，团队就极有可能被搞得一塌糊涂；如果我们"疑人不用"，那团队中除了我们自己，几乎就没有可用之人了。因此可以说，我们若能做到"物尽其才，人尽其用"就已经比较理想了，若非要"用人不疑，疑人不用"就太不现实了。

所以，我们符合客观现实的做法应该是：用人一定要疑，疑人也要充分用。

举例说明一下：

某老总请客，入席的有老总熟识的两位朋友以及一位跟随老板多年的部门经理。中途，老总接了一个重要电话，因事提前离席，临走时交待部门经理埋单。结账时，服务员告知共计消费 600 元，那位部门经理竟然当着老总朋友的面开了 800 元的发票。那两位朋友回到家后，其中一位总觉得不对，觉得应该给自己的朋友打个电话。于是，他拨通那位老总的电话，告诉他：

"我今天看到一问题，可能很严重，作为朋友，我觉得应该告诉你。不过，说实话，我也很为难，不知道当说不当说，是关于你的副手的问题。"

"没关系，你有话就直说，他是我多年的手下了，无论有什么问题，我想我应该能处理好的。"这位老总很自信。

"那好，我就说了，其实我们今晚吃饭只花了600元，可你的副手却开了800元的发票。我觉得这样的人不能再用了！"

"哦，就这事啊，这没什么的。他为什么不多开一千两千的？因为他不敢。这200元，就当是奖励他了。我告诉你，这个人不但会开票，还很会做事。我只怕那种光会开票却不会做事的人，而且，那种连票都不会开的人，在我这里也根本没大用。老朋友，这就叫'用人要疑，疑人也用'。"

事实上，例中那位部门经理应该知道老总对他有疑，当然也知道老总会用他，因而，他能够把自己的行为控制在老总可以接受的范畴之内。老总也知道员工们喜欢利用职务之便占些小便宜，想要完全杜绝不现实，如果因为有这些怀疑而放弃能干之人，那么对于公司而言无疑是更大的损失。所以，他"疑人也照用"。

这位老总的用人策略很值得我们借鉴。事实上，如果我们对团队中的每一个人都不疑有二，就会让心术不正之人有机可乘，就会令团队的局面失去控制，尤其是我们正在试用一个还不是很了解的人时，"用人要疑"这一点就显得非常重要。

用人要疑，不是说就要对他们"怀疑"和"不信任"，而是应该在一定的范畴内对他们进行"约束""监督"。"疑人照用"，也不是说一定要提拔和犒赏，而应该是人尽其才，将人才安排到适合他的位置。正确地理解这句话并将其运用到我们的管理工作之中，才是对团队真正的负责，对人才真正的负责。

第六章
靠奖罚取代牢骚，靠激励创造活力

　　激励机制在团队管理中具有重要意义，其中奖惩激励更是重中之重，也是激励机制中的难点，应从不同方面加以研究，还要贯彻时效性原则、沟通原则等，使激励的效果最佳化，并防止产生不良影响。

赏罚的难点在于"恰到好处"

奖励和惩罚始终与激励联系在一起。奖功罚罪，自古以来，概莫能外。但如何掌握适度原则，就涉及管理者的艺术问题了。

曹操历来坚持有功就赏，有罪就罚，无功不赏，无罪不罚，大罪大罚，小罪小罚，大功大赏，小功小赏，一视同仁，不分贵贱。部下只要有功，必给相应奖赏，而且针对不同的人、不同情况给予不同的奖励。

当年曹操征张绣，一时兵败逃命之时，夏侯惇所率曹操嫡系部队青州兵"乘势下乡，劫掠民家"。另一部将于禁在这慌乱时刻果断命令本部军队沿途剿杀青州兵，禁止他们作乱以安抚乡民。青州兵倒打一耙，跑到曹操面前哭诉委屈，诬告于禁造反。曹操听后大怒，带领部队准备镇压。于禁见曹操气势汹汹而来，仍旧不慌不忙，他没有分辨，而是稳住阵脚，安营立寨。因为他清楚地知道"分辨事小，退敌事大"，因为张绣的兵马正在后面紧追。果然，刚刚安扎完毕，张绣两路大军杀到，于禁一马当先率军出寨迎敌，杀退张绣人马，并且追杀一百多里，反败为胜。事后，于禁才向曹操禀明情况。曹操颇为赞赏，对于禁又是奖赏，又是封侯。

曹操奔命之时，乍闻猛将反叛。自然心有惊虑，但他没有轻信流言，直击于禁，事后又能问明情况，赏罚分明，值得人们引以为鉴。曹操可谓对激励的适度原则运用自如，实为历史上罕见。所以，曹操网罗了许多人才，他们甘愿为其卖命、为其效忠，终于成就了他三国分其一的伟业。

只是可惜，在管理实践中，有些管理者并不懂得赏罚之道。在赏罚过程中，失去分寸和节制，结果走向极端，过犹不及，反而导致激励无效。

那么，管理者应该怎样把握赏罚的原则呢？

1. 赏罚要出于公平。赏罚必须公平，该赏则赏，该罚则罚，不能照顾亲疏。"所憎者，有功必赏，所爱者，有罪必罚"，才能使大家心服口服。如果"对其所喜者，钻皮出羽以掩其过，对其所恶者，洗垢求瘢以彰其疵"，那么，赏罚就失去了"强化"作用，有时会收到相反的效果，闹得众叛亲离。

2. 赏罚要注意讲清道理。戚继光从自己的治军实践中认识到：赏罚要合乎情理。他认为，"理兴于心，情迫于理"，"赏罚"人人知其所以赏罚之故，则感心发而顽心消，畏心生而怨心止。赏与罚，先把道理讲清楚，将善恶、功过分清楚，大家知道了受赏受罚的原因，赏则会使大家见其功而心悦诚服，罚则会使大家及本人真正受到教育而消失怨恨。

3. 赏罚要注意有度。从管理学角度讲，动力原理的运用要重视"刺激量"，"刺激量"不足，"刺激量"过大，都不能有效地运用动力原理。赏罚只有适度，恰到好处，才能达到激励与惩戒的目的。赏不能过高和过滥，奖赏过高，群众就会不满意；奖赏过滥，无功受禄，无劳受赏、在奖励上搞平均主义，会赏而无恩，起不到教育作用。赏无论是过高或过滥，都不能调动人的积极性。处罚不当，处罚过轻，不能教育本人和他人；处罚过重，不给犯错误者以改过的机会，会将人"一棍子"打死，不符合"惩前毖后、治病救人"的原则。不管是轻过重处还是重过轻处都是不合适的。

4.赏罚要严守信用。古代兵书《尉缭子》中说："赏如日月，信如四时"，"赏者贵信，罚者贵必"。管理者实施赏罚，必须严格执行规章制度，言出法随，说到做到，不能随心所欲，说了不算。如果高兴即赏，不高兴即罚，会搞得部下无所适从，人心混乱，长此以往，管理者所说的话就失去了信度和效度。

5.赏罚要注意时效性。赏罚只有在恰当的时间实施，才会收到教育的效果。古人强调"赏不逾时"，"罚不迁列"，奖赏及时，是为了让群众尽快见到为善的好处，当场处罚，是为了让群众迅速看到不为善的害处。一般情况下，赏罚要注意及时性，时过境迁，赏罚的作用就不明显了。

通过上述五点，不难看出及时和适度是互相联系，相辅相成的。适度原则的核心是赏罚和功过相一致。奖大于功或小于功，罚大于过或小于过都是不可取的，只有适度下的及时和及时下的适度，才能最大限度地发挥激励的作用。凡事都有一个度，掌握不好度，就有可能出现过犹不及或火候不到的结果，这二者都是我们在管理中所不愿发生的。

激励不当，结果往往事与愿违

　　从辩证法来看，很多事物都存在两面性。对于企业来讲，为保持和强化员工的主动性、积极性，管理者需要不断激励员工。但激励也存在着两面性，错误则会成为团队发展的阻碍。

　　19世纪，在印度马德里蛇灾泛滥，眼镜蛇肆无忌惮地成群在街上乱窜，给居民造成了极大的困扰。当时的殖民统治者英国政府决定发动群众的力量解决这个问题，即当地人每杀死一条蛇政府便会给予丰厚的赏金。但事情不但没朝着预期的情形发展，反而发生了一件奇怪的事：这项政策颁布后，当地的一些企业为了谋利竟然开始养蛇。后来没办法，政府只好取消这样政策，民众便将已经没有任何价值的眼镜蛇扔掉，街道依旧是蛇群泛滥。

　　其实英国政府并不是要死的蛇，他们只是希望蛇的数量可以减少。但显而易见，他们用错了激励政策，使得事情朝着反方向发展。

　　所以，不要用错误的方法去奖励你的员工，那将引爆负面效应。那么，下面我们就去了解一下，那些不当的激励方式引起的负面效应。

　　1.激励点太集中会引起负面效应

　　许多组织拥有特殊的"明星"，其集"万千宠爱于一身"，享有劳

163

工模范、先进工作者、改革标兵等诸多荣誉，特殊津贴、工资晋级、奖金、各种福利等也少不了他们，且往往是一旦成名，便终身拥有。不可否认，这样的人物是组织名牌战略的一个重要组成部分，对塑造企业形象具有十分重要的意义。但独木难支，成功者的背后必定有许许多多的幕后英雄在默默奉献，组织的发展毕竟要靠全体成员，殊荣独享的结果必然会影响众人划桨的热情。

另外，激励的目光不要总盯住先进的一群人。任何组织中的人群都有左、中、右之分，而且往往是中间大两头小的"橄榄型"结构，如果忽略了中游人物和落后者，将严重影响组织的全面进步。因此也应关注中游人物和落后者，要能敏锐地感觉到他们的进步，用适当的方式肯定他们的进步。他们也许达不到晋级、加工资、表彰等正式的大奖，也可以用一些灵活的方式来激励。如领导者以个人的名义邀请他们一起吃顿便饭、送点小礼品、让其参加较为重要的工作等。

总之，激励要符合正态分布的原则，不能过分集中在极少数人身上，避免出现多者拥有得愈多、少者拥有得愈少的"马太效应"，以免冷落了众人，影响众人的积极性。管理者要在抓重点的同时兼顾一般，要关注各类人群，对不同的对象灵活地采用各种激励方式。唯有如此，才能调动组织全体人员的积极性，促进组织的全面发展。

2. 激励面太宽会引起负面效应

目标激励、参与激励和关怀激励当然是越广泛越好，而报酬激励和荣誉激励却不宜层面太宽，否则会产生一系列负面效应。

报酬激励和荣誉激励的层面太宽有三点副作用：

一是增加了组织的管理成本。众多的组织成员被奖励，且奖励额要使被奖励者有满足感，仅纯物质的报酬激励已使组织的花费相当可观，再加上与荣誉激励相配套的物质奖励，使得许多组织难堪重负。

二是降低了激励的成效。得奖的面越广就意味着奖励标准越低，甚至会使人觉得许多被奖励者是被人为"拔高"，让人看低奖励的价值。因此，众多被奖励者的感觉仅仅是喝了一碗"大锅粥"，如此激励充其量只起到赫兹伯格所称的"保健因素"的作用。

三是容易形成对立面。奖励的面越广就会使未被奖励者越孤立，对其批评和惩罚的含义也就越明显。这种方式很容易伤人自尊心，产生逆反心理，甚至可能产生对立情绪，使未被奖励者与组织对立，与被奖励者对立。在人群素质不高的组织里，这种副作用尤为突出。

激励的宽度是以有效性为衡量标准的，应根据情况灵活掌握。如果组织的财力有限，就相应缩小奖励幅度，确保部分重点。如果组织的财力雄厚，则可选择设立基本奖（保健因素），再为少数人设立等级奖（激励因素）。如果组织里的大多数成员确实很优秀，可以授予集体奖，而不宜大面积地表彰个人。

激励的宽度是否恰当，可用三个标准来衡量，一是否调动了真正优秀者的积极性；二是否能调动大多数成员的积极性；三是否打击了未被奖励者的积极性。

3.激励频率太高、高度太大引起的负面效应

一本再精彩的书如果天天看，也会变得平淡无奇。对成员的激励也是如此。激励的频率太高反而会使人因反复刺激而麻木，对所得到的奖励并不特别在意，反而产生思维定势。一有点成绩就等着"奖赏"，得不到奖赏就没精打采，进而可能改变工作的动机，将获奖作为

工作的核心动机，逐步淡化奉献意识，将工作当成与组织讨价还价的资本。

实施激励也是有科学性和艺术性的，激励不是为了"完全满足"相关对象，而仅仅是提供"部分满足"。因此，激励太频，强度太大会产生三种不良后果：

一是刺激了被激励者的胃口，人的欲望是无穷的，而凭我国大部分组织的现有实力是无法全面满足的。二是会使被激励者产生不安的心理，担心领了重奖便会产生人际关系的不平衡。三是增加了组织的管理成本，使许多资金本来就较紧张的组织背上了新的包袱。

时下一些组织盲目"跟风"、搞巨额"重奖"，结果是被奖者不敢接受，未被奖者意见颇大。激励也是一种投资，投资的时机和投资的额度都十分重要，要克服"强力投入的激励才能有高额产出"和"激励多多益善"的片面认识，适时适度地投入。

从投入时机来看，应在工作最困难的时候、在最松懈的时候、在最能产生"群体效应"的时候进行激励。从投入的量来看，既要考虑被奖者的贡献，也应考虑其他成员的接受能力，要让被激励者心安理得，让其他人羡慕而非嫉妒，最终使组织获得更高的回报。

4.缺乏公开性、透明度会引起负面效应

神秘的"红包"曾经一度在各行各业中相当流行，现在这种情况已不多见了。但缺乏公开性和透明度的奖励，仍以不同的方式存在着，突出表现在三个方面：奖励对象和奖励数额大多由领导人"钦定"；中层以上管理者常常能以各种名义获得数目不详的奖金和其他福利；对成绩显著的成员只是在私下场合给予表扬和奖励。

　　奖评应让员工广泛参与，参与的过程本身就是教育激励的过程，同时也可避免因"钦定"而带来未获奖者的逆反心理。奖金如果不公开，就无法让群众判断是否公平，就会引起种种猜测和流言，即使是合理的奖金也会使群众产生抵触情绪。

　　部下做出了成绩，领导人却不在公开场合对他说"干得不错"，也不在表彰大会上将奖品交给他，而是在非正式场合私下进行，这会使被奖励者在感到温暖的同时感到疑惑——莫非自己是见不得人的"丑媳妇"？

　　激励的目的有三个：一是使当事人产生新的动力；二是激发其他成员的斗志；三是树立榜样，弘扬先进文化。所以，激励应增强公开性和透明度：要公开、公正地确定奖励对象，尽可能让广大成员参与相关活动，充分尊重民意；要公开、合理地确定奖励额度，以贡献定额度，排除地位、人情、关系等人为因素干扰，接受各方监督；要大张旗鼓地进行表彰，让被奖励者披红挂彩、刊登荣誉榜、上主席台、广为宣传。

　　5. 缺乏一致性会引起负面效应

　　亚当斯的公平理论告诉我们，被激励者不仅在意自己所得到的绝对价值，更关心相对价值比，也就是与别人获得的相应价值和历史上的相应价值比较。如果自己的所得低于相对价值，就会感到不公平，积极性会大受影响。不一致的表现主要有两种形式：

　　一是前重后轻，例如因领导人的变更，前任领导者制定的奖励标准被大幅度降低。二是因人而异，相同的成绩分别给予不同的激励，如不计较报酬的人可能被给得少，叫得响的人给得多，或因感情、地位、影响力的不同而"看人下菜碟儿"。

前重后轻给人的感觉是工作的重要性被打了折，成果的价值也打了折，前后一比使人心理不平衡。因此也就较少有人愿意用不打折的行动，去换得打折的奖励。因人而异的结果是伤害了当事人的自尊心，也打击了众多的普通员工的积极性。客观上不鼓励人们做老实人，等于告诉部下：最重要的不是如何工作，而是如何"做人"。

消除不一致的根本办法是尽可能将激励制度化、规范化。要制定出客观标准，对各项指标要量化，对不能量化的内容要建立相应的对照体系。如某项革新能带来多少利润，就按利润的比例提取奖金；如果是精神层面的功绩，则可类推出相当于几等奖，按奖的等级给予奖励。这样就能消除各种人为的因素，确保激励的客观性、公正性、准确性、连续性和稳定性。

6. 物质与精神失衡会引起负面效应

在古典管理时期，人被视为"经济人"，直至霍桑试验后人们才有"社会人"、"自动人"和"复杂人"等更深刻的认识。中国许多组织在经历了漫长的"精神激励万能"的时期后，却又回归到"物质激励万能"的怪圈，过分迷信物质刺激，做得好就给钱，做不好就扣钱。组织与成员的关系被简化成劳资关系，这就削弱了成员的"主人翁"意识，培养了"雇工意识"，客观上诱发了"多给钱多干活，少给钱少干活，不给钱不干活"的思想。

另一方面，中国许多组织对高级人才的激励，却又过分偏重于精神激励，物质激励不到位。我们应该肯定中国式的精神奖励形式多样、内涵丰富，如各种荣誉称号、上电视、登报纸、当选代表等，确实也满足了人才较高层次的精神需求。但与精神激励相比，物质激励显得苍白无力，无论是政治家、企业家，还是各类技术专家，都很难得到与之业绩相应的物质奖励。

他们听到的常常是"要有奉献精神"之类的要求，和"组织感谢你们"之类的鼓励。精神激励越是热闹，越显得物质激励缺乏力度，"二律背反"的结果会导致部分高级人才心理失重和行为失常。于是，一些人便设法获得"灰色"收入和寻求"在职消费"。

物质和精神是激励前进的两只轮子，缺一不可，哪一只轮子力度不够都会翻车。那种把普通成员当成"经济人"，把高级管理者当成"精神人"的假设是片面的。激励中一定要两者并进，找准物质与精神的最佳结合点，通过报酬激励、关怀激励、参与激励、表彰激励、信息激励、目标激励等多种方式的立体组合，满足各层次成员的归属感、荣誉感、成就感、安全感和物质需求。

特殊的胸怀会产生特殊的激励效应

领导是需要胸怀的。胸怀就像能纳百川之海，它让人不计眼前得失，着眼于长远利益，让人能超越简单的上下级关系。

春秋时期，秦晋两国都是诸侯中的强国，都为称霸天下明争暗斗。

秦穆公听说晋文公病死，就决计乘机攻打晋的盟国郑国。但是，当时秦国的智囊人物都坚决反对。他们认为：郑国离秦千里之遥，奔袭郑国付出的代价太大。而且兴师动众，必然走漏风声，结果不会理想。但秦穆公感到，是他几次帮晋国平定了内乱，连其国君都是他立的。按理说，他应是诸侯之首领，但晋国并不认可。既然如此，何不以武力慑服呢？于是他固执己见，仍派孟明视为大将，西乞术、白乙丙为副将，率领大军，直奔郑国。当大军行至半路，郑国的牛贩子弦高听说去打自己国家，急中生智，牵来20头肥牛迎上前去，并声称郑国国君得知秦军出师，特派他前来慰问。孟明视误以为郑国已有准备，就对弦高说："我们此次出师，是进攻滑国的，与郑国无关。"随即改变计划，攻下滑城，灭了滑国。

与此同时，秦军出师的真实意图被晋国获悉。晋国新任国君晋襄公为提高自己的威信，并消除大臣们的惧秦心理，就亲率大军埋伏在崤山。待灭滑的秦军满载而归路经崤山时，晋军突然如从天降。迅猛冲来，秦军顿时大乱。晋军又乘胜追杀，秦军全军覆没，孟明视、西乞术、白乙丙也都作了俘虏。晋襄公本想杀掉孟明视等三员大将，但其后母文嬴是秦穆公的女儿，她诱劝襄公把他们放回了秦国。晋襄公乃至孟明视等人都满以为秦穆公会亲自杀掉败将，万没想到他不但不杀，还亲自到京郊远迎。孟明视等一见秦穆公，马上跪下请罪。而穆公赶忙把他们扶起来，还流着眼泪说："这都怪我当初不听大臣们的话，执意派兵，害得你们受委屈，并表示：胜败乃兵家常事，望你们不忘国耻，发奋图强，以报仇雪恨！"而且，继续让他们掌握兵权。孟明视等感动得热泪盈眶，发誓效忠君王，为国报仇。

此后，孟明视三人在秦穆公的大力支持下，招兵买马，很快又组建起一支新的队伍。一年后，孟明视认为可以对外作战了，就征得秦穆公同意。去报崤山之仇。结果，刚刚交战，就被晋军打得七零八散。孟明视异常悔恨，觉得无脸再见穆公，而穆公也不会再饶恕他。但当他灰溜溜返回秦国时，秦穆公依旧迎接他，仍把责任揽在自己身上，并让他一如既往地掌握军权。

两次的惨败，两次的施恩，极大地感动了孟明视。为了东山再起。他变卖了家产，抚恤阵亡将士家属，亲自招募兵将并进行训练，深入军营，与士兵同甘共苦。不久便又组建了一支纪律严明、士气旺盛、兵精将广的军队。两年后，他再次挥师东进，结果大获全胜，报了仇，雪了耻。

不以一失掩大德。秦穆公异乎寻常的举动，深深感动了孟明视等败将的心，他们怎能不奋勇杀敌、竭诚相报知遇之恩呢？

实际上，就像吴起为士兵舐疽而士兵的母亲听后大哭一样，这种宽厚和仁慈实际是一把催逼属下为自己死力效命的利刃，施用者都是胸怀博大的领导高手。

领导者的大度与宽容，表面上看只不过是一种圆融的手段，深层次上更是一把激励的利剑——在这样的攻势面前没有人能够抵挡，只有拼死效命而已。

给有真本事的人非同一般的待遇

待遇是启动人才积极性的有力杠杆。古兵书《黄石公三略·上略》指出："夫用兵之要，在崇礼而重禄。礼崇则智士至，禄重则义士轻死。"《墨子·尚贤中》认为："夫高爵而无禄，民不信也，"曰："此非中实爱我也，假藉而用我也，夫假藉之，民将岂能亲其上哉？"唐代李筌在《太白阴经·子卒》中也指出："人所以守战至死不衰者，上之所施于人者厚也。上施厚，则下报之亦厚。"

员工做出一些令管理者引以为荣的事情，这时管理者应及时的给他们喝彩，调动他们的积极性，让他们更加努力和干好每件工作。否则，员工的努力得不到管理者的赞美、肯定，那么他们还会努力的工作吗？你还有什么成绩可谈？

美国有家发展迅速的大公司。该公司办有一份深受业务骨干欢迎的刊物《喝彩·喝彩》。《喝彩·喝彩》每月都要通过提名和刊登照片对工作出色的员工进行表扬。

这个公司每年的庆功会更是新颖别致：受表彰的员工于每年8月来到科罗拉多州的维尔，在热烈的气氛中，100名受表彰的业务骨干坐着滑车来到山顶，领奖仪式在山顶举行，庆功会简直就是一次狂欢庆典。然后，在整个公司播放摄影师从头到尾摄下的庆功会全过程。工作出色的员工是这种欢迎、开心和热闹场面中的中心人物，他们受到大家的喝彩，从而也激励和鼓舞全体员工奋发向上。

美国一家纺织厂激励员工的方式也很独特。这家工厂原来准备给女工买些价钱较贵的椅子放在工作台旁休息用。后来，老板想出了一个新花样：规定如果有人超过了每小时的生产定额，则在一个月里她将赢得椅子。奖励椅子的方式也很别致：工厂老板将椅子拿到办公室，请赢得椅子的女工进来坐在椅子上，然后，在大家的掌声中，老板将她推回车间。

美国的一些公司，就是这样以多种形式的表扬和丰富多彩的庆祝活动，来激发员工的积极性和创造精神。

这两家公司都能注重运用荣誉激励的方式，进一步激发员工的工作热情、创造性和革新精神，从而大大提高了工作的绩效。荣誉激励，这是根据人们希望得到社会或集体尊重的心理需要，对于那些为社会、为集体、为公司作出突出贡献的人，给予一定的荣誉，并将这种荣誉以特定的形式固定下来。这既可以使荣誉获得者经常以这种荣誉鞭策自己，又可以为其他人树立学习的榜样和奋斗的目标。因而荣誉激励具有巨大的社会感召力和影响力，能使公司具有凝聚力、向心力。

赞美是既省钱又有效的奖励

精明的领导应善于用赞美去激励下属，使下属为我所用，无论从哪方面讲，赞美都可以称得上是花费最小、收益最大的管理技术，所以，如果可以的话，多多赞美你的下属，你会发现自己会因此而受到更多爱戴。

有这样一个故事，很有趣，我们来看一下：

有一个厨师善长做烤鸭，然而他的经理却吝于给他一句赞美，这让厨师感到很难过。有一天，一个客人发现烤鸭只有一条腿，就向经理投诉。经理很生气地让厨师解释是怎么回事，厨师笑着说："咱们养的鸭子本来就是一条腿啊！"经理自然不信，两人一起来到后院，只见鸭子都趴在地上休息，只有一条腿露在外面，经理一拍巴掌，鸭子吓得连忙跑了！经理生气地说："它们不都有两条腿吗？"厨师很镇静："经理，那是因为你鼓掌，它们才露出另一条腿的！"这时经理才明白厨师的意思。

故事告诉我们，每个人都需要赞美、需要精神鼓励，一个人在完成工作后总希望尽快了解自己工作的结果、质量、社会反馈，如果受到的是积极肯定，那他工作起来就会更有信心。

同时，下属们也需要通过尽快地了解反馈信息，对自己的行为进行调节。巩固、发扬好的方面，克服、避免不好的方面。如果反馈不及时，事过境迁，这时的赞美就没有太大的作用了。

一般说，高层次的需求我们是难以满足的，而赞美之辞，部分地给予了满足。这是一种有效的内在性激励，可以令人激发和保持行动的主动性和积极性。当然，作为鼓励手段，它应该与物质奖励结合起来。行为科学的研究指出，物质鼓励的作用，将随着使用的时间而递减，特别是在收入水平提高的情况下，更是如此。

有一个金香蕉的故事颇能给人以启示。在福克斯波罗公司的早期，急需一项性命攸关的技术改造。有一天深夜，一位科学家拿了一台确实能解决问题的原型机，闯进了总裁的办公室。总裁看到这个主意非常巧妙，简直难以置信，便思考该怎样给予奖励。他把办公桌的大多数抽屉都翻遍了，总算找到了一样东西，于是躬身对那位科学家说："这个给你！"他手上拿的竟是一只香蕉，却是他当时能拿得出的唯一奖励了。

自此以后，香蕉演化成小小的"金香蕉"——别开生面的别针，以此作为该公司对科学成就的最高奖赏，由此看出美国福克斯波罗公司对及时赞美的重视。

适当的称赞不但令下属获得"尊重的需要"，而且能够提高下属的工作意愿。但是，什么样的称赞不适当？什么样的称赞才算是适当？换句话说，什么样的称赞才能形成激励的效果呢？

首先我们来看那些激励效果不好的称赞，看看这些称赞都有什么漏洞。

1. 空泛而不着边际的称赞。例如："老张，你的工作表现好极了！"这类抽象式的称赞因为没有什么实质意义，所以很难产生激励的效果。

2. 不附加理由之称赞。上一实例中管理者只称赞下属工作表现极好，而不进一步说明它之所以值得称赞的原因，这一类称赞可能令下属觉得管理者言不由衷。

3. 对人而不对事的称赞。例如："你真是一位天才演说家。"这种对人的本身所加以的称赞，往往因其夸张，而容易让被称赞者感到恶心或肉麻。

4. 针对期望中的工作表现或工作绩效而加以的称赞。倘若管理者只对期望中的工作表现或工作绩效加以称赞，则可能令下属误以为管理者所真正要求的工作水平，较期望中的工作水平为低。

5. "三明治"式的称赞，即"称赞｜批评｜称赞"，通常不会产生良好的激励效果。为了让下属较容易接受批评，许多管理者在批评之前往往先对下属施以称赞。而且为了避免因批评而产生不良情绪，他们在批评之后又对下属施以称赞。这种方式之称赞，可能令下属怀疑管理者称赞的居心不良。

6. 当下属觉得称赞只不过是为促使他们加倍努力的一种手段时，这种称赞将大大地丧失激励作用，因为在下属心目中，这种称赞只不过是一种"软性的鞭策"，而非真心的表扬。

7. 只当自己的上司在场时，才对下属加以称赞。这种称赞很容易被下属视为别有用意。

8. 值得称赞事迹的发生时间与称赞时间，其间的差距越大，则称赞的激励效果越小。

下面我们来看看激励效果较好的称赞。

1. 具体的与特定的称赞。例如："老张，今天上午你对前来投诉的顾客，处理方式实在极为得体。"这类具体兼特定式的称赞，使被称赞者极易接受。

2. 附加理由之称赞。上一实例中管理者若能继续以："我之所以认为你的处理方式极为得体，是因为你极具耐性地接纳投诉、委婉地解释补救措施，以及征询顾客的意见。"之类的话语作为称赞的理由，则下属将因此而体会管理者的诚意。

3. 对事而不对人的称赞。例如："你今天所选择的演说题目，正是听众所感兴趣的。"或是："你在今天的演说中，对维护工业安全的主张颇为中肯。"这种对事所加的称赞较具客观性，因此也较易令被称赞者欣然接纳。

4. 只针对杰出的工作表现或绩效才施以称赞。这种杰出的工作表现或工作绩效，显然要较期望中的工作表现或工作绩效优越，因此针对杰出的表现或绩效施以称赞，将令被称赞者获得更大的成就感。

5. 不夹杂批评的称赞较为可信，且较具激励效果。

6. 纯粹因为值得称赞而施以的称赞，被称赞者最乐于接受，因为这种称赞是不附带条件的。

7. 在值得称赞的时间即施以称赞，而不处心积虑的选择场合，这样的称赞较得人心。

8. 实时称赞的效果较佳，这与"趁热打铁"的道理是一样的。

通过以上的对比，管理者应该了解了不同称赞所带来的不同激励效果。在日常的管理中，称赞不能随意，一定要以产生效果为目的，切实让员工感受到来自管理者的肯定。

缺乏竞争的团队往往如死水一潭

竞争是推动一个社会、一个企业、一个人前进的主要动力之一。有了竞争，社会才能有进步。英特尔如果没有 AMD 这个竞争对手的话，芯片技术的发展甚至可能要比现在落后十几二十年；微软就是因为在操作系统领域一家独大，才会出现满意度极低的 WindowsVista 这类产品，而它的主要竞争对手竟然是过去自己开发的 WindowsXP！

在一个团队中，如果没有竞争，员工就会不思进取，就会麻木、就会懈怠、就会应付了事，就会躺在以往的成绩上睡大觉，这不仅是对他们个人，也是对整个团队的一种伤害。

美国一家面临倒闭的钢铁厂，在频繁更换几任总经理，花费了巨大的财力人力物力后，对于走向破产的钢铁厂大家已经黔驴技穷，一筹莫展，员工也都士气涣散，唯一能做的事情就是等着工厂宣布破产清算。新到任的总经理似乎也拿不出什么好的办法来，但他却在几次员工会议上发现了一个现象，公司的每次决策制度公布时，大家似乎

都不愿意提出反对意见，管理者说什么就是什么，以前怎么做的就怎
么做，会议总是死气沉沉。因此这位总经理果断作出了一个决定，以
后会议，不分层级，每个人都有平等发言的权利，如果发现问题，谁
提出解决方案并且没有人能够驳倒他，他就是这个方案项目的负责人，
公司给予相应的权限和奖励。新制度出台后，以往静悄悄的会议逐渐
出现了热烈的场面，大家踊跃发言，争相对别人的提案进行反驳，有
时候为争论某个不同意见，争论者面红耳赤，甚至大打出手，但在走
出会议室之前，都会达成一个解决问题的共识，不管是同意还是反对，
都要按照达成的共识去做。过了一段时间后，奇迹出现了，这家钢铁
厂逐步走出困境，起死回生，甚至在几年后进入了美国最优秀的四大
钢铁厂之列。

这家濒临倒闭的美国钢铁厂能够起死回生，源于他对自己固有文
化的一种突破，将死气沉沉的"一言堂"会议氛围激发为大家群策群
力的脑力激荡，企业被注入了新的生命力和竞争力，企业的决策质量
和水平都得到了极大的改善和提高。

事实上到了今天，可能很多管理者都已经意识到了竞争的重要性，
他们当然也希望通过某些手段来改变这种现状，于是开始在团队中添
加一些激励政策。但这里有一个误区，很有必要提醒大家一下：

有些朋友会在自己的团队中设立"优秀员工奖"的年度评选，其
初衷是为了激励大家更加努力的工作，但事实上，他们可能只激励了
那一部分获奖的员工。为什么这样说呢？

首先，这个评奖可能并不能体现真正的公平。很多管理者可能会
设法通过工作手段使上一届优秀员工得主在这一次落选，目的是为了

让大家都能"尝尝甜头"。这从平衡的角度上说，无可厚非，但从激励的角度上说，就显得不那么给力了。

其次，这个奖的吸引力不够。换而言之，如果你颁发的"优秀员工奖"是上万元的奖励，那么相信每个人都会积极争取；但如果你给的只是那么一点不起眼的东西，就另当别论了。或许有朋友要说，我们的目的是"不重金钱，鼓励为主"，是要让员工看到获得这个奖的荣誉。那么麻烦大家扪心自问一下，倘若换作是你们，会不会为了几百块拼了老命？所以，很多人会对这个奖不屑一顾，这样也就没了竞争，也就没了动力，而那奖，可能只是颁给特定的几个人而已，对于提高整个团队积极性的作用则是微乎其微。

综上所述，作为管理者，我们必须为自己的团队建立起良好的竞争机制，不单单是为了员工的个人成长，也是为了我们所率领的团队能够越变越强。否则，若不及时反省自己的管理原则，那么我们随时都有可能惨遭淘汰。事实上，当前国内许多企业办事效率不高、效益低下，员工不求进取、懒散松懈，从根本上说，就是缺乏竞争的结果。我们既然看得到，就不要让自己重蹈覆辙，我们可以在自己的团队中引入多种多样的竞争，例如，进行各种竞赛，如销售竞赛、服务竞赛、技术竞赛等；公开招投标；进行各种职位竞选；用几组人员研究相同的课题，看谁的解决方式最好，等等。还有一些"隐形"的竞争，如定期公布员工工作成绩，定期评选先进分子等。你可以根据本团队的具体情况，不断推出新的竞争方法。

在你的"沙丁团队"里扔一条鲇鱼

　　企业如果在顺境中的时间久了，内部往往会产生懒于动弹的沙丁鱼。往往这时就是危机来临的时刻。如果管理者学习聪明的渔夫，就会将一条不断追逐并威胁沙丁鱼的鲇鱼放入平静的水面……

　　日本的本田公司在一个时期曾陷入发展困境，公司的总裁本田宗一郎认为，如果将一个公司的员工进行分类，大致可以分为三种：不可缺少的干才；以公司为家的勤劳人才；终日东游西荡、拖企业后腿的蠢才。显然本田公司最缺乏前两种人才。

　　但本田也知道，若将终日东游西荡的人员完全淘汰，一方面会受到工会方面的压力；另一方面，企业也将蒙受损失。这些人其实也能完成工作，只是与公司的要求与发展相距远一些，如果全部淘汰，显然是行不通的。经过再三考虑，本田找来了自己的得力助手、副总裁宫泽，并谈了谈自己的想法，请宫泽帮助出些主意。

　　宫泽告诉他，企业的活力根本上取决于企业全体员工的进取心和敬业精神，取决于全体员工的活力，特别是企业各级管理人员的活力。公司必须想办法使各级管理人员充满活力，即让他们有敬业精神和进取心。本田询问有何良策，宫泽给本田讲了一个挪威人捕沙丁鱼的故事，引起了本田极大的兴趣。

挪威渔民出海捕沙丁鱼，如果抵港时鱼仍活着，卖价要比死鱼高出许多倍。因此，渔民们都想方设法地让鱼活着返港，但种种努力都失败了。只有一艘渔船却总能带着活鱼回到港内，船老板收入丰厚，但原因一直未明。直到这艘船的船长死后，人们才揭开了这个谜。原来这艘船捕了沙丁鱼，在返港之前，每次都要在鱼槽里放一条鲇鱼。放鲇鱼有什么作用呢？原来鲇鱼进入鱼槽后由于环境陌生，自然向四处游动，到处挑起摩擦，而大量沙丁鱼发现多了一个"异己分子"，自然也会紧张起来，加速了游动。这样一来，就一条条活蹦乱跳地回到了渔港。

本田听完了宫泽讲的故事，顿时豁然开朗，连声称赞这是个好办法。宫泽最后补充说："其实人也是一样，一个公司如果人员长期固定不变，就会缺乏新鲜感和活力，容易养成惰性，缺乏竞争力。只有外面有压力，存在竞争气氛，员工才会有紧迫感，才能激发进取心，企业才有活力。"本田深表赞同，他决定去找一些外来的"鲇鱼"加入公司的员工队伍，制造一种紧张气氛，发挥"鲇鱼效应"。

说到做到，本田马上着手进行人事方面的改革，特别是销售部经理的观念离公司的精神相距太远，而且他的守旧思想已经严重影响了他的下属。必须找一条"鲇鱼"来，尽早打破销售部只会维持现状的沉闷气氛，否则，公司的发展将会受到严重影响。经过周密的计划和努力，本田终于把松和公司销售部副经理，年仅35岁的武太郎挖了过来。

武太郎接任本田公司销售部经理后，首先制定了本田公司的营销法则。对原有市场进行了分类研究，制定了开拓新市场的详细计划和明确的奖惩办法，并把销售部的组织结构进行了调整，使其符合现代市场的要求。上任一段时间后，武太郎凭着自己丰富的市场营销经验和过人的学识，以及惊人的毅力和工作热情，得到了销售部全体员工的好评。员工的工作热情被极大地调动起来，活力大为增强，公司的销售业绩出现了转机，月销售额直线上升，公司在欧美及亚洲市场的知名度不断得到提高。

本田对武太郎上任以来的工作表现非常满意，这不仅在于他的工作表现，而且销售部作为企业的龙头部门带动了其他部门经理人员的工作热情和活力。本田深为自己有效地利用"鲇鱼效应"的作用而得意。

从此，本田公司每年重点从外部"中途聘用"一些精干利索、思维敏捷的30岁左右的主力军，有时甚至聘请常务董事一级的"大鲇鱼"，这样一来，公司上下的"沙丁鱼"们都有了触电似的感觉。

可见，"鲇鱼式"人物的加盟，会使团队内部形成竞争向上的气氛，原来平静、沉闷的组织，便充满了生机和活力。

这种"鲇鱼效应"对团队其他成员的刺激可以说是非常奏效的。如果你也想通过这种办法激活自己的团队，就先要认识一下"鲇鱼"的特点，然后才能选对人，并取得预想的理想化效果。

一般来说，"鲇鱼式"人物具有以下几个特征：

1. 独立性：他们倾向于采取与众不同的观点与行动，在行动中不喜欢他人的过多干涉与关心，并按照独立的思路去解决问题。

2. 冲动性：他们常常表现出精力旺盛、才华横溢的状态，且具有很强的工作欲望。

3. 冒险性：好奇的愿望与对新经验的欲望、对成就的欲望常促使他们向未来、向未知的世界主动挑战。

4. 灵活性：他们具有容易适应环境变化的能力，具有容易接受新事物、新观点的倾向。他们性格开朗，心态开放，爱好广泛，能接受各种价值观念，善于从失败和错误中学习。

5. 自发性：他们具有一种按自己意志积极行动的倾向。他们思想活跃，行动积极，努力实现自己的创造活动。

要想让企业充满活力，就需要一定数量的"鲇鱼式"人物。因此，作为管理者来说，要了解这类人物的特点，用好这类人物，从而达到人适其职、职得其人、人尽其才、才尽其用的理想境界。

当然，"鲇鱼效应"的应用并不是无条件的，引进的"鲇鱼"也不是越多越好。

很多管理者在用人时都懂得"鲇鱼效应"，但有一些管理者却误认为只要引进这类人才，就能实现"引进一个，带动一片"的人才效益。殊不知，"鲇鱼效应"是有条件的，是要经过科学评估与运作的。如果不能将"鲇鱼效应"放在整个人力资源开发之中全盘去考虑，就会适得其反，酿成"鲇鱼负效应"。发挥"鲇鱼效应"的关键是，能准确地判断你的员工是否安分守己，不思进取。如果恰恰相反，你所在的部门内有一个或几个生龙活虎，锐意进取的员工，本身就有一个良好的"鲇鱼效应"，这时你仍然我行我素地坚持引进"鲇鱼"，就有可能发生"能人扎堆"，内部起哄，人力资源管理效率低下的情况。

另外，当一个公司出现职位空缺时，企业可以优先考虑公司内部的"鲇鱼"式员工。公司应为每个员工建立一个发展计划，在适当的时机给优秀员工提供发展空间和机会；同时可树立榜样，让员工知道公司关心他们个人的成长和发展，有利于营造良好的企业文化；再者可以节省公司的人力资源成本，避免出现比拼高价收购人才的现象。

把良性竞争引进来，把恶性竞争赶出去

不可否认，竞争确有负面的影响，尤其在员工素质较差时，可能会出现一种无序的恶性竞争或不良竞争，影响企业的发展。但竞争的好处是显而易见的，利大于弊。身为一名管理者，要引导良性竞争从而达到激励员工的目标，就更需要付出时间与精力。管理者必须时刻牢记于心，员工之间肯定存在着竞争。竞争分为良性竞争和恶性竞争，管理者的职责就是要遏制员工之间的恶性竞争，引导他们之间进行良性竞争。

每个人对美好的事物都有羡慕之心。这种羡慕之心来源于对别人拥有而自己没有的好的东西的向往。关系亲密的人，这种羡慕之心尤为显著。员工可能会对同事上调为经理羡慕不已。这种情感有时会因为某种关系的确定而消失，例如：由恋人而变成夫妻，对方的长处就会被另一方共同拥有，此时这种羡慕的想法就会消失，而当这种关系亲密的人的角色不能转换时，羡慕之情就会一直维持下去。比如说大家低头不见抬头见，工作上又相互较劲的同事之间。一般来说，越是亲近，越是熟悉的人之间越是容易产生羡慕之情。女人往往比男人更容易产生羡慕之心。

有的员工羡慕别人的长处，就会鞭策自己，努力工作、刻苦学习，赶超对方。这种人会把羡慕渴求的心理转化为学习、工作的动力，通过与同事的竞争来缩短彼此能力的差距。这种良性竞争对部门有着很大的好处，它能促使部门内的员工之间形成你追我赶的学习、工作气氛，每个人都积极思索着如何提高自己的能力，掌握更多的技能，从而取得更大的成就。这样一来，整个部门的整体水平就会不断地提高，充满生机与活力。

但并不是所有人都明白"临渊羡鱼，不如退而织网"的道理，有一些员工会把羡慕别人的心情转化成阴暗的嫉妒心理。他们想的是如何给别人脚下使绊，如何诬蔑能人，搞臭他们的名声，如何阻碍同事按时完成工作任务等。他们的办法就是通过拖先进者的后腿来让大家都扯平，以掩饰自己的无能。这种行为会导致公司内部的恶性竞争。它会使公司全体员工人心惶惶，员工之间戒心强烈，大家都提高警惕防止被别人算计。

这样一来，员工的大部分精力和心思都用来对付这些琐事，哪里有心情做好工作？另外，企业管理者也会被如潮涌来的相互揭发、投诉和抱怨缠得喘不过气来。长此以往，公司的业绩能不下降吗？

在这样的公司里，大家互相拆台，工作不能顺利完成，谁也不敢冒尖，因为"枪打出头鸟"。人人都活得很累，公司还怎么发展？

管理者是公司的核心与希望，你一定要留心公司的气氛，积极引导良性竞争，采取措施防止恶性竞争的出现。你可以参考以下几种技巧：

1. 保证机会均等是公平竞争的第一步。优秀的企业应当是民主的企业，民主的第一层涵义就是平等。因此，民主的企业应当为每个员工提供均等的发展机会，如果连起码的公平都保证不了的话，那么公正就无从谈起。许多公司都已意识到公正、公平的重要性，因此采用能力来决定酬劳。也许如此可更正以往的不公平待遇，打开用人之门。

2. 创建正确完善的业绩评估机制。以实际业绩为根据来评价员工的能力，不可根据其他员工的意见或是你自己的好恶来评价员工的业绩。评判的标准要尽量客观，少用主观臆断。

3. 创建公开的沟通交流体系。让大家多接触、多交流。有话当面说，直接表达自己心中的想法。不鼓励员工搞小动作，不理各类小报告。作为管理者，切不可听信个别员工的片面之辞，形成对另一些员工的片面看法。要坚信"兼听则明，偏信则暗"的原则，坚决抵制各类攻击人的小报告。

4. 要时常提醒员工："可以向竞争对手正面挑战，但不要把对方当作仇敌。"从古至今的竞争原理都是和气生财，要把竞争对手的存在，当作是促进自己努力工作的动力。同一公司内部的竞争对手更应当协调一致，共同进步。管理者要用正确的竞争规则教育员工。

5.严惩攻击同事、破坏公司正常工作秩序的员工。公司就好比一部大机器，每个员工都是机器的一个组成部分。管理者的职责就是激励这台大机器上的各个部分，即引导员工们进行良性竞争，让大家心往一处想，劲往一处使。只有这样，公司这台大机器才能越转越好！

第七章
卓越的领导不仅是会授权，更要能控权

优秀的团队通常因责权下放而赢得竞争。麻烦在于，管理者和员工都不知道如何适应转变，也往往怯于尝试。管理者害怕失去控制，员工害怕承担失败的责任。但这是可行的，权利下放能否取得期待中的成效，取决于管理者对界限的使用，即对员工行为的限制。

别做替下属"背猴子"的傻瓜

美国著名的管理顾问比尔·翁肯曾提出过一个十分有趣的理论——"背上的猴子"。在这一理论中,"猴子"就是指组织中各成员的职责。对于任何一个组织来说,每个成员都有自己的职责,当他们加入组织以后,管理者就按照下属的职责,分配给他们不同的"猴子"。组织成员的工作就是完成自己的职责,也就是喂养自己的"猴子"。

在"猴子理论"中,企业的成功,归根结蒂取决于"猴子"的健康。显然,如果组织成员能够出色地完成自己的职责,他所喂养的"猴子"就是健康的;但若他无法胜任自己的工作,不能履行自己的职责,他所照料的"猴子"就会生病。"猴子"生病无疑会影响组织的整体竞争力。而要想使"猴子"健康起来,关键在于协助员工完成自己的职责,提高其工作能力,或者将其调离,让能够胜任的人来承担这一职责。

然而,很多管理者却在这一问题上跌了跟头。他们一看到有"猴子"生病了,就迫不及待地把它接过来,亲自喂养。他们认为,这样可以使"猴子"尽快康复,殊不知这种做法却会使更多的"猴子"变得脆弱不堪。

替下属"背猴子"的做法从眼前来看,似乎使解决问题的速度加快了;但若从长远的角度来看,管理者直接接管下属的工作,会阻碍下属的成长，剥夺下属独立解决问题的权利，长此以往，下属就会丧失解决问题的能力，就会变成事事处处"听命令、等指示、靠请示"的"应声虫"，失去主动性和独立性。

美国山达铁路公司总经理史特莱年轻时，虽自己努力工作，但不知怎样去支配别人工作。一次，他被派主持设计某项建筑工程。他率领3个职员，至一低洼地方测量水的深浅，以便知道经过多少深浅的水，才可以建筑坚固石基。

当时史特莱才二十出头，资历尚浅，虽已有好几年时间在各铁路测量队或工程队服务的经验，但独当一面，指挥别人工作，尚属第1次。他极想为3个职员做出表率，以增进工作效率，在最短的时间内，完成工作。所以开始的第1天，他埋头工作并以为别人一定学他的样，共同努力。谁知道这3个爱尔兰职员，世故甚深，狡猾成性。他们见青年主任这么努力，以为少不更事，便假为恭顺，奉承史特莱的工作优良，而自己却袖手旁观，几乎一事不干。成绩当然难以达到史特莱预先的期望。

毕竟史特莱脑子清楚，不为欺蒙。思索了一晚，发觉自己措施失当，知道自己若将工作完全揽在身上，则他们自己无须再行努力。第二天工作时，史特莱便改正以前的错误，专力于指挥监督，不再事必躬亲，果然成效显著。

对于管理者来说，替下属"背猴子"的行为也会将自己推入一个领导怪圈——当管理者接收了某一部属看养的"猴子"时，其他部属或为推卸责任，或图自己轻闲，也会主动将本该自己看养的"猴子"推给领导。这样，用不了多久，管理者就会陷入堆积如山、永远处理不完的琐事中不能自拔，甚至没有时间照顾自己的"猴子"——实施计划、组织、协调和控制的职能。

对于一个管理者来说，替下属"背猴子"的做法是不可取的。管理者亲力亲为是造成组织工作效率低下的最主要原因。不仅如此，管理者的亲历亲为还会打击下属的工作热情，甚至造成人才流失。古人说："自为则不能任贤，不能任贤则群贤皆散。"用今天的话说就是，如果管理者事必躬亲，就是对下属工作的不信任，不信任导致不肯放权，凡事都亲自出马，而不肯放权又会进一步加重下属的不信任感，感觉自己的价值不被承认，最终导致人才流失。过于能"干"的领导，往往会导致有才能的下属流失，剩下的是一群不愿使用大脑的庸才，这样的团队的战斗力可想而知。

翁肯的"猴子管理"法则的提出，目的在于提醒管理者，高效的领导就是在适当的时间，由适当人选，用正确的方法，做正确的事。一个高明的管理者习惯于教下属如何捕鱼，而不是送他一条鱼了事。因为他们知道，剥夺他人的主控权，去喂养他人的"猴子"，并不能从根本上帮他们解决问题，真正能够帮助他们的是耐心地教给他们方法并容忍他们在成长中的错误。

第二次世界大战时，有人问一位将军："什么人适合当头儿？"将军回答说："聪明而懒惰的人。"管理者的主要工作是什么呢？不是替下属"背猴子"，而是杰出的管理大师们口中的"Find the right way, find the right person to do"，即"找到正确的方法，找到正确的人去实施"。

只有不替下属"背猴子"，你才能不被"琐碎的多数的问题"所纠缠，而有充足的时间去思考和处理"重要的少数的问题"。一个成功的管理者不是整天忙得团团转的人，而是悠然自得地掌控一切的人。

不论是何种层级的管理者，一旦患上了亲力亲为的"职业病"，组织就危在旦夕了。管理者本人会被"琐碎的多数"纠缠得无暇顾及"重要的少数"，从而使组织失控；而每一个组织成员都会被卷入"忙的忙死了，闲的闲得想辞职"的漩涡中，从而失去战斗力。更可怕的是，亲力亲为的职业病还可能使管理者忘掉"让专业的人去做专业的事"的基本管理原则，从而导致领导的彻底失败。总之，管理者越想通过亲力亲为做好事情，就越会使事情变得一团糟；越想眉毛胡子一把抓，就越是什么都难做好，越难提升整个组织的绩效。

身为管理者，如果能让员工独立去抚养他们自己的"猴子"，员工就能真正地管理好自己的工作。这样管理者就会有足够的时间去做规划、协调、创新等重要的工作，从而使整个组织保持持续良好的运作。

亲力亲为在某种程度上是一种无能的表现，同时也是对权力资源的极大浪费，为聪明的管理者所不愿为、不屑为的。

把权利下放给最合适的那个人

授权需要一种眼光，你要选好对象，把握好方式。如果受权者选不好，不但难以实现预期的授权效果，反而会给自己带来麻烦。

有一个国王老待在王宫里，感到很无聊，为了解闷，他叫人牵了一只猴子来给自己做伴。因为猴子天性聪明，很快就得到国王的喜爱。这只猴子到王宫后，国王给了它很多好吃的东西，猴子渐渐地长胖了，国王周围的人都很尊重它。国王对这只猴子更是十分相信和宠爱，甚至连自己的宝剑都让猴子拿着。

在王宫的附近，有一座供人游乐的树林。当春天来临的时候，这座树林简直美极了，成群结队的蜜蜂嗡嗡地咏叹着爱之弦律，争芳斗艳的鲜花用香气把林子弄得芳香扑鼻。国王被那里的美景所吸引，带着他的正宫娘娘到林子里去。他把所有的随从都留在树林的外边，只留下猴子给自己做伴。

国王在树林里好奇地游了一遍，感到有点疲倦，就对猴子说："我想在这座花房里睡一会儿。如果有什么人想伤害我，你就要竭尽全力来保护我。"说完这几句话，国王就睡着了。

一只蜜蜂闻到花香飞了来，落在国王头上。猴子一看就火了，心想："这个倒霉的家伙竟敢在我的眼前螫国王！"于是，它就开始阻挡。但是这只蜜蜂被赶走了，又有一只飞到国王身上。猴子大怒，抽出宝剑就照着蜜蜂砍下去，结果把国王的脑袋给砍了下来。

同国王睡在一起的正宫娘娘吓了一跳，爬起来大声喊起来："哎呀！你这个傻猴子，你究竟干了什么事儿呀！"

猴子把事情的经过原原本本地说了一遍，聚集在那里的人们把它抓了起来。

最后猴子也被砍头了。

"国王"作为管理者的悲剧最主要原因就是选错了授权的对象。授权的首要原则就是将权力授给能够胜任工作的人。授权之前领导者应该对下属进行完整的评价。如果你发现有的职员对自己的工作了解很深，并且远远超出你原来的预料，这些人就有可能具备担负重要工作任务的才能和智慧。如果你对职员的分析正确无误，那么选择能够胜任工作的人这一步就比较容易做好。没有正确选择授权对象只会有百害而无一益，寓言中的国王、猴子甚至整个王国都是错误授权的受害者。

选好受权者，是授权工作的基础和关键一环。为此，要求授权者对拟受权的下属做如下分析：

1. 这个人具有哪方面的能力、特长和经验？政治品德如何？他最适合承担何种工作？

2. 委托这个人做什么工作，才能最大限度地激发他的工作热情和潜力？

3. 他目前担负的工作与拟授权的哪些工作关系最为密切？

4. 这个人对哪项工作最关心、最感兴趣？

5. 哪项工作对他最富有挑战性？

在上述分析的基础上，才有可能把所要授出的责权与受权者的品德、能力、性格、兴趣等最大限度地统一起来，才能做到把权力授予最合适的人。

在现实生活中，具有以下特点的人，往往是受权的理想人选：

1. 大公无私的奉献者

有的人尽管工作能力强，但如果让他多做些工作，就讨价还价，只顾个人利益和短期利益，或者工作稍有绩效，就想回报；既干着工作，又时时想着谋私；一旦工作中投入大于产出，就满口怨言。这种人往往不能赢得群众，尽管他有时显得很精明，但往往只是"小聪明"而已。

2. 不徇私情的忠诚者

他们往往办事认真负责，善始善终，敢于坚持原则、坚持真理，对错误言行和时弊敢于直言不讳。如果大胆授权给他们，领导者得到的将是可靠的支持和帮助。

3. 善于团结协作的人。

他们在实际工作中协调组织能力强，善于理顺人际关系，凝聚力和向心力强。在实际工作中，工作的成果往往需要组织成员齐心协力、团结协作来取得。现今社会中那些善于同舟共济、情感沟通的公共关系人就是准受权者。

4. 善于独立处理问题的人

这种人善于独立思考问题，并善于发现某些处于萌芽状态的问题；善于处理复杂棘手的问题；善于提供有价值的独特见解。他们能弥补领导者知识的盲点，授权给他们，往往能解决难题。相反，那些遇事无主张、凡事都要向领导请示汇报的人，往往不能成为准受权者。

5. 勇于创新的开拓者

这种人属于"实干家"、活动家，办事能力强、开拓能力卓越。工作中敢于大胆设想，敢于标新立异，另辟蹊径。如果授权给这种人，往往会开拓新的工作局面。比如能力挽狂澜的汽车大王艾柯卡、从荆棘中走向坦途的尤金尼·杜尔奈、具有创新信念的肯尼伍兹钢铁公司总裁贝尔等人都创造了商业经营管理的奇迹。

那些犯过非本质的或是偶然错误并渴求悔改机会的人。这些人在犯有错误、失去某些尊严和荣誉后，多少有些补偿感和失落感。其最强烈的愿望是力求别人给他们挽回一些损失，并渴求重新恢复应有尊严和价值，强烈地需要"戴罪立功"的机会。因此，领导者在充分认识到这一心理后，如果大胆接受他们，他们会因重新得到信任和尊重而拼命工作，即使最脏最累最危险的工作，他们也会愉快地去做，石油大王洛克菲勒的创业者臣贝特曾因不慎使其在南美的投资经营惨败。

然而洛克菲勒的态度却使他不胜惊异，洛克菲勒并没有向他询问失败的详细情形，却鼓励说："好极了，贝特，你设法保持了60％的投资。要不是你处置有方，哪能保全这么多呢？你干得如此出色，已经在我们意料之外了。"洛克菲勒就这样在别人不为之处而为之，授予贝特权力，注定了他事业的巨大成功。

大度升职，将权利与责任分散

下放权力，其方法多种多样，而大度升职是其中最有吸引力也是最有效的方法之一。每一个员工，几乎都有升职的愿望，这无疑是激发他们奋进的源动力。大度升职，其效果不仅达到了权力与责任的分散，同时还能极大地激发员工的进取心和创造力。

劳勃·盖尔文，1964年继承父业，担任蒙多罗娜公司的董事长兼最高主管。他掌管公司以后，"将权力与责任分散"，以维持员工的进取心。蒙多罗娜公司从而竞争能力大增，业务突飞猛进：1967年增加到15亿美元，1977年又增加到近20亿美元。

盖尔文之所以"将权力与责任分散"，主要是由于深深感到有维持员工进取心的需要。

盖尔文说："公司愈大，员工愈渴望分享到公司的权力。在比较大一点的公司，每一个人显然都希望能感觉到自己就是老板。因此，我们现在所做的，正是要把整个公司分成很多独立作战的团队，因为只有这样，才能够使大部分人都分享到盖尔文家族所拥有的权力与责任。"

盖尔文说："我绝对相信，一个人如果能操纵自己的命运，那么他一定会比较有进取心。所以，我们将仍然继续不断地去创造一些适当的环境及计划，尽量让员工多参与跟自己有关的管理工作。""有一些特定计划可能通过执行而显得不切实际。对于这一点，我们将会见风转舵，改用较好的计划。但通常，我们计划的原则仍然是尽量创造机会，让比较多的人参与管理工作，分享权力与责任。"

为了将"权力与责任分散"，盖尔文将权力下放给所属各工厂、各部门。

公司的一位负责计划、行销、设计、维持与政府关系及广告事务的高级职员说，我们公司的管理原则是，要把公司的各个部门当作相对独立的事业部门来处理。公司所属的每一工厂、每一部门都有自己本身的研究及发展单位，都有全权来决定一切营销活动。公司设有一个履行公共职责的部门，主要是代表公司与所属海外机构及外国政府建立联系。公司内各部门的方针及目标大致上都很协调，在具体运转上总公司不加干涉。

公司一位负责经营的副董事长说："通常，只要我们在营业额、利润及研究发展经费所占比例等问题上与各部门、各工厂的经理取得协议以后，他们都可以按照自己认为适当的方式去自由支配经费。"如果他们在自己的预算内想推动一项工程计划，那么大可放手去做而不必把详细情况报告公司或上级主管。只有在计划进行到最后阶段而突然发生重大偏差时，总公司才会加以过问。同样，各工厂和部门也可以自己决定自己认为适当的营业项目。事实上，只有当他们无法达到预定目标时，总公司才会通过适当的方式加以帮助。"当然，在公司的总预算经费很紧时，我们也会采取行动，告诉他们将允许做些什么，不允许做些什么。同时，也会特别规定一些非常重要而必须执行的关键计划。这些计划如果没有得到我们的同意，各部门是绝对不能更改的。但不管怎样说，我们的管理原则是尽可能减少干涉。"

为了设法让员工分享权力与责任，盖尔文建立了一套明确的升迁制度。在蒙多罗娜公司，只要员工在履行责任中创造性地工作，就能获得相应的权力。例如，当某一项研究工作有了一定眉目而需组织力量进一步突破时，公司就授予你全权。所授权力之大，一般相当于公司的高级主管，有的甚至于接近公司的总经理，被称之为"一人之下，万人之上"——难怪人们赞叹说："蒙多罗娜公司是技术本位者的晋升阶梯。"

总而言之，管理的原则就是尽量减少干涉，给员工一片自由的天空。将权力与责任分散，激发员工的进取心及创造力，这也是发展公司业务的有效方法之一。

授权后及时跟进，适当监控

世界上任何的自由都必须和相应的制度捆绑在一起，无序的自由就是一盘散沙，而且这种自由毫无保障，随时都可能被剥夺。

同样的道理，对于领导们而言，无论下属的工作做得多么出色，无论他们有多少值得完全信任的细节，也不应该完全撒手。换而言之，领导在授权的同时必须要有监督，否则就有可能失控。权力失控会导致工作失控、结果失控。

一家家畜饲料制造厂为公司制定了拓展市场的计划，他们打算生产一种蛋白质含量更加丰富的饲料，为公司打开奶牛场的大门——一直以来他们只对饲料进行简单的加工，这种饲料根本无法满足奶牛场的要求——他们在饲料中添加适量的尿素，尿素可以帮助家畜将饲料转化成蛋白质。但这样做又有一定的风险，因为黄豆中一种被称作 Urease 的酵素会与尿素反应形成氨，而氨又会导致动物腹胀，甚至死亡。为了控制饲料中的 Urease 含量，饲料必须经过严格的烘热处理，并且化验室每天都必须对 Urease 的含量进行检验。

经过不断地调试和检验，饲料中的 Urease 含量终于符合了安全标准，这家饲料制造厂终于生产出了符合要求的高蛋白质饲料。在广告和公关等各方面措施的支持下，公司的市场拓展开展得有声有色，已与几家养牛场建立了较为稳固的供货关系，另外还有更大的几家畜牧场有与之合作的意向。

就在一切进展都十分顺利的情况下，不幸的事情却突然发生了。有一天，化验室的例行检验结果显示，Urease 的含量严重超标。公司总裁吉姆在第一时间得知了这一消息——他要求化验室一旦发现 Urease 含量超标必须第一时间通知自己。吉姆果断地做出指示，在过去 48 小时生产的所有饲料禁止运出公司，以维护公司的信誉和用户的安全。随后他马上开展了调查，最后终于找到了原因，一名新来的维修工人在换装蒸汽管线的一个零件时关掉了蒸汽机之后又忘了打开，使得对饲料进行烘热处理时温度降低，进而导致 Urease 含量超标。

吉姆全程跟踪并亲自处理了这一突发事件，正是由于吉姆的参与，不安全的饲料才没有被运出工厂，安全隐患才得以在最短的时间内找到并被排除，公司的损失才被控制在最小范围内，公司的形象才得以保全，公司开拓市场的计划才能继续被执行下去。

领导人的及时跟进是相当重要的。在跟进的过程中，不但可以协助和支持下属顺利完成任务，而且还能监督下属，避免其偏离正确的方向。

企业领导者应该对下属的工作进行跟踪，及时发现问题，及时决策，及时提供支持。当然，领导者尤其是高层领导者都有许多工作要做，一忙起来可能就把对计划进行跟踪这件事忘到脑后了。所以，为了保证领导者能及时跟踪，应建立一个跟进计划，以保证工作的顺利进行。

跟进计划的内容应包括以下几项：目标是什么？什么人负责这件事？什么时候、通过什么方式，使用何种资源完成任务等。

跟进计划的内容是固定的，但形式却可以灵活多变，尤其是高层领导者因为要从整体上把握工作，所以更需采用简单有效又灵活多变的办法。

罗兰·贝格是一家大咨询公司的创始人和总裁。就像所有的大公司的领导人一样，罗兰·贝格每天需要与各方面的人打交道，处理各种各样的事务，可谓日理万机。但同大多数高层领导人不同的是，他从不会忘记哪怕一件小事，在一项计划进行到规定完成的最后期限，有关的负责人总会接到罗兰·贝格打来的询问事情进展情况的电话。是罗兰·贝格记忆力超过常人吗？非也。他有自己的跟进方法。他每天都接触大量的各色各样的人物，处理各种各样的事务。为避免遗忘本应自己去做的事，他随身带了一个小录音机，每一件需要自己去做的事他都会用录音机记下来，再由秘书打印后发放给相关人员。他通常每天会发出 40 ~ 50 个给不同人的"内部备忘"。这当然是在完成一个领导者的首要任务：布置工作和做出某些决定。但这仅仅是事情的开始。每一份内部备忘都会被写上一个时间，到了这个时间秘书就会把这个内部备忘重新放在罗兰·贝格的案头。所以，没有任何一个人能够侥幸让他忘记一件他关心过的事情，他总能在合适的时间向负责某项执行工作的人员询问事情的进展。

信任固然好，监控更重要。及时适度地跟进计划并非不信任某人的表现，相反，这只能表明你重视某件事情，所以适度的跟进并不会损害员工的工作积极性。当然，跟进计划一定要注意两点：一是及时，只有在第一时间发现阻碍工作进行的障碍，才能尽快排除障碍，确保工作的顺利进行；二是要注意适度，领导者需要的是跟进计划，而不是去具体执行计划，领导者需要做的是鼓励员工把执行工作落到实处，而不是越权指导，更不是直接插手去落实，否则只会把事情弄得更糟。所以，领导者应掌握跟进的艺术，既保证战略规划得到不折不扣的执行，又不损伤员工的积极性，只有这样才能取得好的效果。

权利的收与放必须恰到好处

在管理者中，高明的管理者不会把权力一放了之。信任下属固然必要，但把权力下放给下属时也不可做"甩手掌柜"。不管你对下属多么信任，在一些关键问题上该过问的一定要过问。如果放任员工，任其作为，那么不但收不到放权的效果，甚至可能破坏已有成绩。1997年，51 岁的高尔文接任 CEO。他是摩托罗拉创始人的孙子。按照他的思想，他认为应该充分授权，完全放手，让高级主管充分发挥能力。然而进入 2000 年以来，作为通讯器材界的龙头老大的摩托罗拉，经营状况每况日下，其市场占有率、股票市值、公司获利能力连连下跌。市场占有率跌至 13%，远远落后于占 35% 的诺基亚；股票市值一年内缩水 72%；之所以造成这种不利局面，主要原因归结于高尔文过于放权。他总是拖延决策时间，不及时纠正下属出现的问题。

有一次，营销主管福洛斯特向高尔文建议，有一家叫麦肯广告的广告代理商业绩不好，应把它的撤换掉。但高尔文个人对麦肯广告的负责人非常信任，所以不答应，表示应该再给对方一次机会。一年后，合作不力的麦肯广告业绩持续低迷，对公司总体发展造成恶劣影响，高尔文才不得不同意撤换掉。

充分授权本是好事，但像高尔文这样放手太过，授权后一切不管不问，发现错误后也不当机立断纠正，根本不能及时掌握公司真正的经营状况，也只会对企业造成巨大损失。摩托罗拉曾实施了一项卫星通讯铱星计划，执行该计划后，公司平均每年亏损 2 亿美元。但高尔文却迟迟没有叫停，以致差点将摩托罗拉拖入死胡同。

还有一次，摩托罗拉公关部门对外宣称，公司在 2000 年将卖出 1亿部手机。了解市场的基层销售员工都清楚，这一目标根本不可能实现。只有总裁高尔文还不知道这件事，最后当然是失败。

到 2001 年年初，高尔文终于意识到他的管理方法出了严重问题。他担心摩托罗拉的光辉成就断送在他的手上，于是认真思索并着手调整。他重整组织，每周开一次高管会议，改变自己过于放任的管理作风，这才使摩托罗拉从颓势中慢慢扭转过来。

对于权力放手太过，不仅不会激发员工的积极性和创造性，反而会给自己引来不必要的麻烦。高明的授权法是既要下放一定的权力给员工，又不能给他们以不受重视的感觉；既要检查督促员工的工作，又不能使员工感到有名无权。若想成为一名优秀的领导人，就必须深谙此道。

确实，权力的收与放是一对矛盾体，收之过紧则扼杀创造性，放之过松则会造成局面的失控。管理者不仅要懂得放松，还要懂得怎样去做、放到何种程度。

那么，究竟如何做到既充分授权又不失控制呢？下面几点颇为重要：

1. 评价授权风险

每次授权前，管理者都应评价它的风险。如果可能产生的弊害大大超过可能带来的收益，那就不予授权。如果可能产生的问题是由于管理者本身原因所致，则应主动校正自己的行为。当然，管理者不应一味追求平稳保险，一般来说，任何一项授权的潜在收益都和潜在风险并存，且成正比例，风险越大，收益也越大。

2. 命令追踪

有些管理者在授权之后，常常忘记自己发出的指令，而对于已发出的命令进行追踪是确保命令顺利执行的最有效方法之一。

命令追踪的方式有两种：

第一种，管理者在发布授权指令后的一定时期，亲自观察命令执行的状况；第二种，管理者在发布授权指令的同时与下属商定，命令下达后，下属应当定期呈报命令执行状况的说明。

在进行命令追踪时，管理者必须明确追踪的目的在于：

——控制命令是否按原定的计划执行；

——考虑有无足以妨碍命令贯彻的意外情况出现；

——考核下属执行命令的效率；

——反思、检讨本人下达命令的技巧，以便下次改进命令下达的方式。

基于这样的目的，高明的管理者在命令追踪中，会把目光集中于：

——下属所履行任务的质与量；

——工作进度和工作态度；

——下属是否有发挥创造性的余地；

——命令是否是合适的，有无必要对命令本身做出修正，或下达新命令取而代之；

——下属是否确切地了解命令的含义，并按命令的精神完成任务。

3. 监督进度

授权使管理者的控制发生了微妙的变化，因为授权，管理者对工作及局面的控制实际上是退后了，这反而使控制在授权中的地位得以凸显；而且必须使自己的控制技巧更加高明，才不至于使工作陷入失控状态；同时，因为授权，管理者得以从具体烦琐的事务性工作中腾出时间来，其中的一部分将被用来命令追踪和监督委派出去的工作，这几乎成为管理者对这些工作负责的唯一有效的形式。

一个优秀的管理者会根据授权，对自己的控制技术做细致的挑选和改造，以适应授权这种特殊的管理形式。照搬一般性的而非授权中的控制技术，往往适得其反。

4.尽量减少反向授权

下属将自己应该完成的工作推给管理者去做，叫做反向授权，或者叫倒授权。发生反向授权的原因一般是：下属不愿冒风险，怕挨批评，缺乏信心，或者由于管理者本身"来者不拒"。除去特殊情况，管理者不能允许反向授权。解决反向授权的最好办法是在同下属谈工作时，让其把困难想得多一些，细一些，必要时，管理者可以帮助下属提出解决问题的方案。

授权就像放风筝，既要放，又要有线牵。光牵不放，飞不起来；光放不牵，风筝或飞不起来，或飞上天失控，并最终会栽到地上。只有依风顺势边放边牵，放牵得当，才能放得高、放得持久。风筝线的韧性足够好，才可能随时将风筝收回，否则，不是放出去了收不回来，就是收回来后又不敢再放出去，放风筝的乐趣全无。所以，管理者在下放权力的过程中一定要有一条可靠的"风筝线"，这条"线"就是足够的控制力，不要超出了自己力所能及的控制范围，要使授权与合理监控结合起来。

时刻防止被下属架成空架子

部下权力过重，难免会拥"兵"自重，这无论是对管理者本身还是对整个组织来说，都是一个非常大的隐患。一旦权力过重的部下起了二心，必将带来严重后果。

有一个企业的总经理，对业务部经理的能力很是倚重，不但业务部人员的安排、业务开展等事完全交给他决策，而且有关企业营销战略的重大问题也基本由此人说了算。长此以往，此人拥"兵"自重，后来带领全部业务骨干另创新企业，把原企业的客户一股脑带了过去不说，整个营销模式完全套用原企业的。一个好端端的企业一下子成了空架子。这不能不说是那位总经理管人、分权问题上的重大失误。

现代领导学中十分强调合理授权，其实要点全在"合理"二字，因为在中国历史的各朝各代，不管朝廷管理机构如何变更，领导者的风格如何多样，没有一定的授权任何事都办不成，管理机构的运转便没有效率。问题的关键是如何把授权控制在合理的范围内，而对于必须由自己掌握的核心权力是一丝一毫不能放松的，这是个有方无圆的原则问题。

那么，有哪些权利是管理者必须紧握手中，不可放松的呢？

1. 人事任免权。特别是对直接下属和关键岗位的人事任免权，管理者必须保留。而且人事方面的决定（评估、晋升或者开除）通常来说，是很敏感的，而且往往难以做决定。

2. 关系协调权。管理者必须保留对直接下属之间相互关系的协调权。协调下属之间的关系是非常重要的，也是其他下属所不能替代的。

3. 机密的事务。分析你公司里工作的分类和薪级范围看上去很花时间，这似乎是首先可授权的工作。但由于牵涉到很多的利益，所以应该由管理者自己去做，不适合授权。

4. 培养直接下属。作为一名管理者，培养你的直接下属不仅有利于你工作的展开，而且也是你的职责。

你的下属应该在他们的成长和发展过程中得到你的帮助，他们依赖你的经验、你的判断来辨别对他们成长有帮助的工作。这不是你该授权的工作，虽然你可以从他人那里得到一些帮助，但这是你的职责。

5. 危机问题。危机总会不可避免地发生，假如发生危机，管理者应亲自坐镇，制定应对方案，很多事都应该亲力亲为，这不是你该授权的时刻。当处于危机的时候，要保证自己在现场起一个领头的作用。这样，有利于稳定人心，避免事态进一步恶化，为解决问题赢得宝贵的时间。

管仲《七法》有云：重在下，则令不行。意思是说：如果下属权利过大，超出合理范围，国家的政策法令就会难以顺利地贯彻执行。是故，管理者必须做到心中有数，授权有度，才能拿稳手中的指挥棒，指引团队朝着稳定、健康的方向发展。

团队中的小圈子务必要打散

在很多的企业中，员工都有拉帮结派的现象。他们或以来自同一地方为区分标准，或以不同的工作部门为分界线，形成一个个小圈子。这些形形色色的小圈子是企业维持平衡局面的最大绊脚石。

部下拉帮结派，目的无外乎两个：一是形成自己的派系打击其他的同事，积累更大的力量进行内讧；二是经营自己的势力，培植自己的死党对抗领导，伺机取而代之。不论哪一种都会危害整个组织的团结，会威胁领导者的权威。所以，领导者绝不能容忍小圈子的发展，一定要坚决地把它砸烂！

对待小圈子，管理者绝不能听之任之，保留了他们的权威也就相当于削弱了自己的权威，无异于自杀行为。因此，对于结党营私的属下，明智的管理者一定会毫不留情地砸烂它。

双星集团总经理汪海在创业过程中就曾遇到过类似问题。

当时，企业的组织机构存在严重问题，27 个科室中，能干实事的寥寥无几，且大多效率低下，管理不善，因此，进行机构改革裁减冗员势在必行。

但改革的主张首先受到了来自安全科的挑战。安全科势力很大，一个科室就占用一层楼，科员们个个待遇优厚，其地位之所以如此，原因在于这里的 20 多个人大多是领导的子弟亲属，后台较硬，被人称为"特殊王国"。对此，其他员工的意见一直很大。

汪海知道安全科很有背景，但如果容忍安全科我行我素，目中无人，那么自己以后的工作将很难开展，其他员工也不会服气。于是他打算拆除安全科的小圈子，彻底击垮这个"特殊王国"。

汪海下令，限安全科于第二天下午 6 点前将其占用的四层楼腾空，搬到指定的三间房子里。他知道这道命令必然会招来安全科强力的抵制。

果然，安全科的诸位特权者连夜开会，商量对策，决定"集体上诉"，到上级部门去告汪海的状。到了第二天中午，他们仍然占住四层，不肯搬迁，与汪海保持着僵持状态。

汪海知道这小圈子的实力，也知道自己可能会因此而得罪某些上级领导，但为了企业利益，为了自身命令的有效性，他没有退却。

汪海马上召集党组会议，决定如果安全科再不搬迁，就罢免其领导。这一招果真灵验，谁都不愿丢了自己的乌纱帽，科长在即将宣布罢免令的最后一分钟终于屈服，开始搬迁。

从此，来自安全科的阻力被彻底破除了，其他科室在汪海改革之剑的寒光下也不敢再有任何抵制行为，规规矩矩地执行汪海的命令，机构改革的速度不断加快，为企业的生产创造了良好的条件。

毫无疑问，"特殊王国"的能量和影响力是巨大的，汪海若不坚决地拆散它——安全科，那么他日后的管理工作必然会障碍重重。

大体来说，一个固定的"特殊王国"会为管理者带来如下麻烦：

1. 传播流言蜚语，破坏团队气氛。小圈子中人为达到某种目的，经常会道听途说或凭空捏造一些八卦新闻，再加上圈子内集体加工，制作成颇具煽动性的信息向外传播。严重影响团队的团结稳定，影响员工的士气。

2. 对抗组织决策，干扰生产经营。商鞅变法的过程是何其艰辛，最后又功败垂成！为什么？不就是因为顽固势力的极力反对。具有一定地位的员工组成的小圈子，为了维护其内部成员的利益，往往会对企业的一些决策强烈抵抗，甚至会采用各种手段，有组织、有计划地搞破坏。

3. 增加企业内部矛盾。小圈子成员缺乏大局观及正确的团队意识。为了自身的利益，他们甚至会人为地制造摩擦，增加企业内部矛盾，造成内耗，极大地削减了企业凝聚力。

　　当然，小圈子的破坏力远不止于此，其对企业造成的负面影响更是不可估量。管理者在砸烂小圈子、清除内部团伙势力时，必然会遇到来自外部和团体自身的抵制和压力，这时管理者绝不能手软，一定要一打到底，不给其留有生存机会，否则复苏后的小圈子势力将更加膨胀。汪海在机构改革中面对"特殊小王国"安全科的抵制并没有退却，而是采取更加有力的措施将其逐渐击破，维护了企业的利益，也树立了自身的权威。

　　"小圈子"中的"小"不是指其能量小，人数少，而是针对它只为少数人谋私利，在组织上排斥大部分人，只注重自己内部的利益，不管全局的利益而言的。有时候，"小"圈子实际上人数众多，其成员大多占据要位，活动能量颇大。管理者一旦纵容和漠视小圈子的发展，任其势力膨胀而不加干预的话，那它就会持续扩张，割据一方，搞独立王国，甚至藐视领导，公然向最高管理者挑战。这种势力一旦形成的话，就很难处理小圈子和整个组织之间的从属关系了。小圈子于组织就好像肿瘤之于人体，一旦肿瘤恶性膨胀，就有吞噬整个机体的危险，就会威胁人的生命，所以，领导者千万不能容忍和忽视小圈子的存在和扩张。

　　此外，要注意的一点是，即使在一个公司中，经理也不要允许中层干部相互串通勾结或编织自己的一套体系，要坚决杜绝任何影响自己威信的行为。

借助外力扫除心怀不轨之人

公元前 12 世纪，希腊联军攻打小亚细亚的特洛伊，10 年不克。最终智者奥德修斯献"木马计"，希腊人置大木马于城外，佯装撤退，敌方中计把这个"礼品"拖入城内，待至深夜，藏在木马中的希腊人潜出，与城外的希腊将士里应外合，终于攻下这座城市。"木马计"的故事离我们久矣，然而一旦掸去附在它上面的尘埃，我们悟到的不完全是为了制胜而给敌方送礼物的妙计，还另有隐藏其间的人类最初的哲思：即内力与外力的相互联系与相互影响，由此规定了事物的性质及其发展变化。

管理既需要依靠内力，也需要借助外力。

李沐风是一家公司的生产副厂长，全公司共计 200 余人，而由他主管的就有一半以上。正所谓"树大招风"，不久他便遭到了别人的暗算。事情的始末是这样的。

李沐风刚上任那会，工厂正处于混乱状态。这家企业的前任生产副厂长是从工人中提上来的，对于企业管理根本一窍不通，搞得货品迟迟赶不出来，企业面临着客户大量流失的危险。李沐风的到来，对于老板而言，就像是遇到了一根救命稻草，他给予了李沐风足够的权利去实施改革。李沐风一进公司就将全部精力都放在了生产上，得益于他合理的安排以及工人们日夜赶工，货终于如期交出，客户也保住了。这样一来，李沐风自然也就成了老板身旁的红人。

由于在赶货期间发现了不少问题，所以公司恢复平静以后，李沐风便开始着手进行整顿。他首先为公司制定了一套完善的规章制度，但实施之初，执行力特别差，无奈之下，李沐风只好炒掉了几个"带头大哥"。无疑，李沐风这样做，一定会得罪不少人，但若不如此，改革措施就无法有效地运转起来，他自然也就管不了那么多了。谁知，炒掉的那几人中，有一人是公司行政主管的小舅子，李沐风此举无异于得罪了他，也因此给自己埋下了祸根。

那天，李沐风像往常一样，下班以后便回家吃饭、睡觉。半夜时分，突然听到有人敲门，李沐风虽觉古怪，但还是开了门。随后，行政主管与另一位同事闪身进来，他们进门以后并没有直接坐下来，而是像在寻找什么东西一样四处打量。然后又与李沐风闲扯了几句，便走了。事后李沐风才知道，那晚是一个女同事的生日，这位同事一直对李沐风有情，但李沐风只把她当成一般同事。当晚，行政主管趁机在女同事的酒里下了迷药，后来，又把那位女同事送到了李沐风的宿舍门。他们半夜来敲门，显然是来抓"作风问题"的。

这让李沐风大为光火，他知道这种人不能再留了。但李沐风并没有大张旗鼓地予以反击，他一直暗暗留意对方的一举一动，直到有一天抓到了他的把柄。于是，李沐风在与公司人事主管喝酒时，佯装醉酒，不露声色地将被设计的事及"把柄"透露给对方，并一再声明酒桌上的话就在酒桌上了。

人事主管其实也对该人的作为早就看不过眼，这一点李沐风是知道的。所以，他又将这些事写成文字，投进了公司的意见箱。公司意见箱的钥匙只老板一个人拥有，几天以后，老板找到人事主管核对，人事主管将李沐风告诉他的事全盘托出，而那位主管没过几天就办了离职的手续。

这是一招典型的"借刀杀人"，看上去不够光明磊落，似有小人之嫌。但你要知道，在风云变幻的职场上，当下属已经对你虎视眈眈，心存不轨时，你不想办法解决他，他立马就会抓住时机把你推翻在地。当下属咄咄逼人，把我们逼得走投无路之时，不露声色地用点策略，实在也是没有办法中的办法。

但管理者必须谨记：

1. 此计若非情非得已，最好不用，所谓能容人处且容人，能感化的就感化，毕竟上下团结一心才是企业发展的根本。

2. 杀人是广义的，也是狭义的，借刀杀人需以企业的整体利益为出发点，且不可为一己之私做有损良心、有违职业道德之事。若如此，终有一天你会威信尽失。

3. "借刀杀人"这一计策，恐怕会与世长存。管理者即使不屑使用它，但也有必要学会识破它，防范它，尤其不能掉以轻心，被人莫名其妙的当刀使。

在国人的意识中，"借刀杀人"一般会被视为一种恶毒的策略，所谓的正人君子多不屑使用。事实上，假借外力只要能够摆正良心、注意分寸、把握火候，适时地借助一下也是无可厚非的。

第八章
该有的恩典和绝对的权威，一样都不能少

统御下属是一门复杂的学问，对下属太严，就会引起他们的反抗，对下属太宽，又不利于管理。所以对于下属，应该是用慈母的手握住钟馗的剑，恩威并施、宽严相济。领导者做到宽严得体，就能赢得员工的尊敬与服从。

感情投资是最赚人心的管理技巧

从 1932 年，哈佛大学著名心理学家梅耶在霍桑工厂完成实验之后，生产中人际关系的因素就受到了广泛注意。随着对人的认知和管理理论的发展，靠简单的奖惩进行领导和管理的局限性越来越明显，更多的企业管理者开始重视加强自己与被管理者之间的情感联系。管理者们所作的这种旨在增进人际关系的努力，在现代商品经济的影响下，被冠上了一个颇有经济色彩的名词——感情投资。

在竞争日益激烈，人与人之间的感情日益淡化的今天，情感已是领导者不可或缺的资源和财富。人是有情感的生灵，领导者适时的对下属进行感情投资，往往会收到春风化雨的奇妙效果。

某大公司的总经理，因一桩大生意赔了本，使公司蒙受了重大的损失。这个总经理非常自责，于是向董事会递交了辞呈。但董事会并没有批准他的辞呈。董事长握住了总经理的手，深情地说："我们已为你的学习交了这么多的学费，不希望你就这样走了，学了不要白学。"总经理立刻被感动得热泪盈眶，表示为了挽回自己的过失即使粉身碎骨也在所不惜。果然，在以后的工作中，总经理发奋图强，拼命苦干，为公司赚取了一笔又一笔的巨额利润。

　　感情投资比物质刺激更有效。管理者应该认识到，相对于始终有限的物质刺激来说，感情上的投入和所得到的回报是发自于内心的，是真诚的，也是无限的。

　　日本企业的很多管理者在这个方面都十分重视。很多日本企业的人力资源管理一个显著的特点就是注重人情味和感情投入，他们主张给予员工"家庭式"的情感抚慰。在《日本工业的秘密》一书中，作者总结日本企业高经济效益的原因时指出：日本的企业仿佛就是一个大家庭，甚至是一个娱乐场所。日本著名企业家岛川三部曾自豪地说："我经营管理的最大本领就是把工作家庭化和娱乐化。"而索尼公司董事长盛田昭夫也说："一个日本公司最主要的使命是培养它同雇员之间的关系，在公司创造一种家庭式情感，即经理人员和所有雇员同甘苦、共命运的情感。"

　　日本三多利公司董事长岛井信治郎对员工要求十分严格，部下们都十分敬畏他，但私下里他对部下的呵护，却像一个充满慈爱的父亲一样。有一次，岛井无意中听到店员抱怨说："我们的房间里有臭虫，害得我们睡不好觉！"于是夜半时分，店里员工都睡着后，他悄悄地拿着蜡烛，从房间柱子的裂缝里以及柜子间的空隙中抓臭虫。公司一名员工的父亲去世，他带着公司同仁前去致意，并亲自在签到处向前来拜祭的人一一磕头。事后这名员工回忆说："当时我感动不已，从那时起我就下定了决心，为了老板，即使牺牲性命也在所不惜。"

　　从细微之处入手进行感情投资，既方便又有效，还可以体现出管理者的细心和对下属的关心。实际上，真正能够取得重大突破、做出非凡业绩的下属，毕竟只是属于少数。而且，即使对这些少数而言，他们也不是总能够做到这一点的。更普遍的情况是，大家每天都在那里默默无闻地工作，而这种工作汇合起来后，便共同成就了管理者的事业。

因此管理者要注意从细微处着手，多关心、爱护、体贴、理解下属的每一项工作，每一点小小的进步。这样做，是加深管理者与下属之间心理联络的有效途径。比如，下属满怀心事，未必是因为工作不如意或身体不适，有可能是被外在因素影响的。例如至亲的病故、家庭纠纷、经济陷于困境、爱情问题等，都会使一个人的情况波动。作为管理者，应予以体谅，并就下属某方面的良好表现加以赞赏，使他觉得自己的遭遇并非那么糟。

所以，凡是卓越的管理者，都是善于对下属进行感情投资的。只有通过感情投资，才能使下属感到自己受到了上级的重视与关爱，感受到心灵的温暖，因而愿意踏实工作、尽己所能，充分发挥自己的潜在力量。

归属感，就是家一样的感觉

对于现代管理者而言，只会下命令是远远不够的，关心下属也是你的一门必修课。你肯定知道人们必须具备衣食住行等生活条件才能从事政治经济等活动。下属的生活状况如何，直接影响到他的思想活动、精神状态及工作效率。

一个高明的企业领导，不仅善于使用下属，更善于通过为下属排忧解难来唤起他的内在工作热情——主动性、创造性，使其全身心投入工作。

PR 制衣公司共计有员工 1000 人左右，令人惊讶的是，这种规模的企业其员工年流动性竟然不足 10%。显然，这与公司领导的人性化管理是不可分割的。

众所周知，大多数制衣企业都不太"欢迎"男职员，而 PR 制衣则利用其子公司 PR 印染的优势，将男职员安排在印染厂，女职员留在制衣厂，如此一来，很多夫妻不用分开便可留在一家企业工作了。另外，企业又为夫妻均为在职员工的人员安排了 50 平米的免费宿舍，同时又帮助他们解决子女的就学问题。这种人性化的策略，吸引了大批"打工家庭"。

每每春节返乡，PR 制衣为解决员工"一票难求"的问题，对员工相对集中的河南、江苏等地，会使用包车接送员工回家和返厂。而对于那些留厂过年的职工，企业领导每年都会亲自上宿舍慰问，为他们送上温馨的年货。

同时，PR 制衣还设立了困难职工抚恤、救助基金。如果在职员工遇到困难，按规定可以获得一定数额的补助。PR 制衣已创立十年有余，目前，企业有 65% 的员工是与厂同龄的老职工。

该企业领导坦言，有不少职工曾被挖过墙角，跳槽到其他制衣企业。但时隔不久便纷纷返回厂里。因为，那边的企业虽然工资给的高，但劳动额度相对沉重很多，而且也无法提供这么好的生活条件。

员工心里实际上看重的并不仅仅是钱，在他们看来，和谐的劳动包括方方面面。合理的薪酬自不必说，丰富的业余生活，优渥的住宿条件，积极的工作氛围，和睦的同事关系，公正的赏罚、激励制度等，都是自己是否留驻企业的重要评估依据。因而，在人力资源愈发紧张的情况下，管理者唯有以更平等、更仁爱的心态去面对职工，以情留人，方为上策。

1. 提供舒适的工作环境

随着社会、经济结构的演变，员工对企业的要求越来越高。他们不再像以前那样只看重物质酬劳，还看重工作环境的舒适度等软性因素，他们对工作的整体满意度要求在提高。

但凡优秀的企业，通常能为员工提供优越、舒适的工作环境。因为他们懂得，优越的环境不仅使员工工作时身体感到舒适，还有助于激发他们的创造性和工作热情。更重要的是，当员工们在这种适合自己发展的环境中体会到企业所寄予的厚望时，就会更加努力进取，而这也可以用来解释优秀的企业之所以成为一流企业的原因所在。

2. 让员工说出心里话

企业的文化、管理制度等与员工的认知产生冲突时，虽然在管理者的要求下，员工能一定程度上接受，但并不代表他们就能完全坦然接受了。这时就要鼓励他们说出自己的想法——不管是否合理。让员工把话说出来是最好的解决矛盾的办法。如果员工心中有很多不满和怨气，管理者都不知道，长期下来就成为积怨，问题挤压得严重了就不好解决。所以，应该为他们开条"绿色通道"，使他们的想法第一时间反映上来。

比如，海尔集团有项措施是，给新来的每位员工都发一张"合理化建议卡"。员工有什么想法，无论制度、管理、工作、生活等任何方面都可以提出来。对合理化的建议，海尔会立即采纳并实行，对提出者还有一定的物质和精神奖励。而对不适用的建议也给予积极回应，因为这会让员工知道自己的想法已经被考虑过，他们会有被尊重的感觉，更敢于说出自己的心里话。

在新员工所提的建议与问题中，有的居然把"蚊帐的网眼太大"的问题都反映出来了，这也从一个侧面表现出海尔的工作相当到位。

3. 培养员工的归属感

员工敢于说真话是一大好事，但那也仅是发现问题的源头。接下来解决问题才是重要部分。如何帮助员工转变思想，让他们从观念上把问题当成自己的"家务事"，这就需要管理者培养员工的归属感，让新员工不把自己当"外人"。

外界传闻的海尔的管理及其严格，不近人情。实际上海尔的企业文化非常注重给员工创造归属感，管理也并非不人性化。它有句口号是："海尔人就是要创造感动"。

"人心齐，泰山移"，全体员工的同心协力、一致努力是企业能获得最终成功的有力保证。而要做到这一点，企业领导就要多关心员工的生活，对他们遇到的事业挫折、感情波折、病痛烦恼等"疑难病症"给予及时的"治疗"和疏导，建立起正常、良好、健康的人际关系、人我关系，从而赢得员工对企业的忠诚，增强员工对公司的归属感，使整个企业结成一个凝聚力很强的团体。

据研究发现，在缺乏激励的环境中，人才的潜力只能发挥出

20% ~ 30%，即刚刚能保住饭碗；而在良好的激励环境中，同样的人却可以发挥潜力的 80% ~ 90%。良好的激励能够最大限度地调动人的积极性和主动性，因此，领导必须从细节上关心员工，用你的心换取员工的忠诚。

在小事情上做一个"有心人"

小事足可以折射出一个管理者品质的整体风貌和管理艺术，员工会通过一些鸡毛蒜皮的小事，去衡量你、评判你。

中国式管理首先得做一个有心之人，留心观察，细心思考，善于发掘小事里边的不平凡之处。有一些小事，你作为企业管理者，必须努力去做到。

日本著名企业家松下幸之助就是一个对待员工非常"有心"的人。他曾说："当我看见员工们同心协力地朝着目标奋进，不禁感动万分。"在松下他提出并倡导社长"替员工端上一杯茶"的做法。他认为，社长应对员工保持温和谦虚的心态，看见员工负责尽职地工作，自然会满怀感激地说："真是太辛苦你了，请坐下来喝杯茶吧。"松下这么说，并非要求社长一定亲自为员工倒茶，他强调的是上级诚恳地把心意对下属表达出来，这可以激励下属，使他们去掉倦怠，精神振奋地投入工作，从而提高工作效率。松下还说过："公司人数众多，社长无法亲自每个人表示谢意，但只要心存感激，就算不说，行动也自然会流露出来，传达到员工心里。"这里所体现的正是尊重员工的精神。

调动员工的积极性，激发他们的热情和干劲，企业管理者光会说一些漂亮话是不够的。配合实际行动，不失时机地显示你的关心和体贴，无疑是对下属的最高赞赏。

如果管理者能在许多看似平凡的时刻，勤于在细小的事情上与下属沟通感情，经常用"毛毛细雨"去灌溉员工的心灵，下属会像禾苗一样生机勃勃、水水灵灵、茁壮成长，最终必然结出丰硕的果实。

1.记住下属的生日，在他生日时表示祝贺。每个人都重视自己的生日，一般人都是与家人或知心朋友一起庆祝生日。有心的管理者会提前了解到这些信息，向员工送去祝贺或使自己成为庆祝的一员。上司能记住自己生日甚至亲自为自己庆贺，这会给下属留下极其难忘的印象。或许下属当时体味不出来，而一旦换了领导有了差异，他自然而然地会想到你。

给下属庆祝生日，也花不了多少钱。可以发点奖金、买个蛋糕、请吃顿饭、甚至送一束花，效果都很好，乘机献上几句赞扬和助兴的话，更能起到锦上添花的效果。

2.下属住院时，管理者最好亲自探望。有位管理者非常聪明。他的一位非常普通的下属生病住院了，他亲自去病房探望，跟他说："平常你在的时候没有发觉你的重要性，现在你不在岗位上，我们的工作没了头绪、慌了手脚。你看我们不能没有你啊，所以你安心把病养好，赶快回到我们中间来。"这个下属听了自然感动不已，出院后工作十分卖力，为这位管理者创造了极好的业绩。

有的管理者就不重视探望下属，其实下属此时是"身在曹营心在汉"，虽然住在医院里，却惦记着领导是否会来看看自己，如果领导不来，对他来讲简直是不亚于一次打击，不免会嘀咕："平时我干了好事他只会没心没肺地假装表扬一番，现在我死了他也不会放在心上，真是卸磨杀驴。没良心的家伙！"

3. 关心下属的家庭和生活。家庭幸福和睦、生活宽松富裕无疑是每个人干好工作的保障。如果员工家里出了事，或者生活负担非常重，管理者却完全不了解或视而不见，那么对下属再好的称赞也可能显得假惺惺的。

有一个发展势头良好的文化公司，其管理者和职员大部分都是单身汉或家在外地的独居者。就是他们凭满腔热情和辛勤的努力，公司才能发展得红红火火。该公司老板对大家的辛苦和付出很高兴也很满意。但他没有限于滔滔不绝、唾沫星飞的口头表扬，而是注意到职工们没有条件在家做饭，吃饭很不方便的困难，就自办了一个小食堂，解决了职工的后顾之忧。当职工们吃着公司小食堂美味的饭菜时，能不意识到这是管理为他们着想吗？能不感激管理者的爱护和关心吗？

4. 抓住欢迎和送别的机会表达对下属的关心。调换下属是常常碰到的事情，粗心的管理者总认为不就是来个新手或走个老部下吗？来去自由，愿来就来，愿走就走。这种思想很不可取。

善于体贴和关心下属的管理者与口头上的"巨人"做法也截然不同。当下属来报到上班的第一天，口头上的"巨人"也会过来招呼一下："小陈，你是北大的高材生，来我们这里亏待不了你，好好把办公用具收拾一下准备上马！"而聪明的管理者则会悄悄地把新下属的办公桌椅和其他用具收拾好，而后才说："小陈，大家都很欢迎你来和我们同甘共苦，办公用品都给你准备齐全了，你看看还需要什么尽管提出来。"

同样的欢迎，一个空洞无物，华而不实；另一个却没有任何恭维之词，但管理者的欣赏早已落实在无声的行动上，孰高孰低一目了然。

下属调走也是一样，彼此相处已久，疙疙瘩瘩的事肯定不少，此时用语言表达管理者的挽留之情很不到位，也不恰当。而没走的下属又都在眼睁睁地看着要走的下属，心里不免想着或许自己也有这么一天，管理者是怎样评价他呢？此时管理者如果高明，不妨做一两件让对方满意的事情以表达惜别之情。

以自己的实际行动，不失时机地在一些小事上显示你的关心和体贴，无疑是对下属的最高赞赏，也是调动其积极性、激发职员的热情和干劲的绝佳手段。

利用报恩心理让管理变得更容易

人是有感情的动物。一般懂道义的人得到他人好处的时候，会产生无限的感激，一点好处被无限放大，进而心中感觉欠对方点什么，只要有机会便想着偿还，这即是亏欠心理引发的不等价交换。例如，历史上有名的军事家拿破仑，之所以在战场上无往不胜，一个重要原因就是，他不断将名誉与头衔赠给将士们。许多将士因此对他感恩戴德，也就是内心对他有负债感，从而更忠诚地支持他，帮助他完成称霸世界的野心。

企业管理者在管理员工时，其实也可以很好地运用此项策略为自己服务。古代有一位元帅在统御下属时，便深谙其道。

这位元帅上任之初便看中了手下的三位小将，这三人要文有文、要武有武，都是将才。可是，越是有能力的人，往往越不好管理，为了让他们对自己俯首听命，这位元帅可是费了不少苦心。

当时，这位元帅奉命招募新军，他将所招人马分成三营，每营由一位将军统帅。在任命各营将领时，元帅一改往日的指派法，而是宣布"竞争上岗"，由考试定胜负，每次只取一人。

第一次，他所看中的一位小将考取。

第二次，又一位小将考取。

在他所看中的三人中，自认才华最高、不落人后的那位小将，却连续两次名落孙山，现在只有最后一次机会了，他十分紧张，担心要是再考不上就要屈居人下了。

第三次考试的前一天晚上，正当小将闷闷不乐地准备明天的考试时，传令官忽然来找他，说是元帅叫他过去。到了帅府，元帅却只是东拉西扯，谈了些不着边际的话，把这位小将弄得满头雾水。临走的时候，元帅塞给他一张纸条，丈二和尚摸不着头脑的小将回到家中，急忙打开纸条一看，上面竟然是这次考试的试题。他不由得大喜过望，连夜准备，第二天胸有成竹地参加考试，果然高中第一名，成了第三营的将领。

这位小将深感元帅的大恩，决心誓死相随，终身相报。

后来，三位小将都成了国家的重要将领，各辖一军，纵横沙场。某日，三位将军聚在一处叙旧，谈及元帅的帮助时，那第三位小将仍然感激涕零、念念不止。谁知另两位将军听了，不由得相视大笑。原来当年他二人考试之前也得到过元帅的纸条。

这位元帅的方法真是妙不可言，既可以提拔自己看中的将士，又让他们对自己感恩戴德，还能让没升官的将士心服口服，最后还给提拔上来的将士制造了很高的声誉。真是一箭数雕啊。

从做人处世的角度来看，元帅的这种策略也是十分值得揣摩的，事实上，善于做人处世的高手都是善于以感情作为切入点，进行人际交往，因为投入一分感情，别人就会以双倍利息的人情回报。而且，感情是越积累越深厚的，而人情债更是永远也还不清的。

人是高级的感情动物，注定要在群体中生活，而组成群体的人又处在不同的阶层，适当时进行感情投资，让下属欠你的情，他们一定会对你俯首帖耳。

比如，倘若下属情绪低落，我们不妨给他安排一点清闲的工作，让他转换一下心情；倘若下属好面子，那么最好不要当众指责他，而是在背后"严加教育"；倘若下属有什么困难，及时伸出援助之手等。这些，都是情商高的领导常用的策略。当然，我们在默默付出的同时，还要引导下属发现你给他的人情，这样才能达到"情服"的效果。

对于这一策略的运用，管理者应注意下述几点的把握：

1. 不求必报。正所谓"施恩勿念"，从根本上说，人与人之间的相互帮助、友好交往，是社会的公德，未必都要得到回报。即便我们是"有目的"的施恩，亦应保持平常心，倘若一味要求下属的回报，反而适得其反、弄巧成拙，使自己的形象在下属心中大打折扣。

2. 不受重物。回报是基于人情的一种礼尚往来，应该是一种心意，倘若受惠者以重物回赠，那么你的施予就变了味道，倘若长此下去，你的境地就危险了。

3. 拒收贿赂。有人会借着"报恩"的外表，向你发送糖衣炮弹，其意图明显，结果可想而知。对此，你必须挺住诱惑，不为贿赂所动，秉持正气，做正直的人。

其实对于管理者而言，最厚重的给予，莫过于为下属员工搭建一个充分施展才华的平台，让他们放开手脚去发展自己的事业。这样，他们一定会对你"感激涕零"，而他们的发展，也一定会促就你的事业更上一层楼。

雪中送炭，制造自己的英雄形象

出于各种各样的原因，员工的生活偶尔会出现这样那样的困难。你应该知道，这是一个得到人心的良机。

卡耐基是美国钢铁大王，也是世界闻名的企业家。他在管理管理工作中，最擅长做的一件事，就是他经常给员工雪中送炭。他的回忆录中记载着他成立企业不久做过的一件事。一天，一名青年员工满脸焦急地找到卡耐基，说家乡房屋拆迁，一家人失去了住所，他想请假回老家将妻子、女儿安顿一下。当时人手较少，而业务很繁忙。卡耐基不想马上准假，就以"个人的事再大也是小事，集体的事再小也是大事"这类的大道理来搪塞他，鼓励他安心工作。不想这名青年员工忍不住当着卡耐基的面哭了起来，并愤愤地说："这在你们眼里是小事，可在我眼里是天大的事。我老婆、孩子现在连个住处都没有，我还怎么安心工作？"卡耐基在日记中写道："一番大实话深深震动了我。"他反复思考自己和员工说的话，然后去找那位青年员工，向他道歉并立即准他告假。后来卡耐基还为此事专程到他家里去慰问了一番。这位后来的钢铁大王当时也才 23 岁，他只是在替他父亲管理一些事务。他在回忆录上写的最后一句话是："这是别人给我在通向老板的道路上的第一课，也是刻骨铭心的一课。"

雪中送炭的一个变象是制造"英雄落难"的做法。宋江一伙最擅长这一手段。先把英雄拉下水，快淹死的时候，再来救你一把。让你无路可走，只好跟他们上梁山。

雪中送炭还有一个变象是"存亡断绝"。

人们对雪中送炭的人总是怀有特殊的好感。雪中送炭、分忧解难的行为最易引起员工的感激之情，进而形成弥足珍贵的"鱼水"情。

管理者要想有效地关爱员工，就要正确地给员工雪中送炭。

1.平时注意"天气"，摸清哪里会"下雪"。管理者要时常与员工谈心，关心他们的生活状况，对生活较为困难的下属的个人和家庭情况要心中有数，要随时了解下属的情况，要把握下属后顾之忧的核心所在，及时发现哪里有"雪"，以便寻找恰当的时机送出"炭"。

2. "送炭"时要一脸真诚。任何人都不喜欢别人虚心假意地对自己，员工也一样。如果他发现管理者"送炭"不过是想利用自己时，就算接受了"炭"，也不会产生感激心理。假如是这样的结果，那你的"炭"岂不是白白浪费了？因此，管理者在"送炭"时必须一脸真诚，让当事人和所有周围的旁观者都觉得，你是实实在在、诚心诚意的，觉得你确实是在设身处地的为员工着想，真正地为员工排忧解难。

3. 要量力而行。管理者对员工送炭要在力所能及的范围内进行，不要开出实现不了的空头支票。送出的"炭"可以是精神上的抚慰，也可以是物质上的救助，但要在管理者本人和企业团队财力所能承担的范围内进行。对于困难比较大的员工，要尽量发动大家集体帮助，必要时可以要求社会伸出援助之手。同时，管理者还要处理好轻重缓急，要依据困难的程度给予照顾，不能"撒胡椒面"搞平均主义。

下属遇到困难或受到不公正的对待，需要你搭一把手的时候，作为领导者是装聋作哑还是挺身而出？装聋作哑则从此对于下属再也没有威望和魅力可言，挺身而出则需要承担一定的风险。但是无论如何，对领导者而言，这都是"收买人心"的良好契机。

给好员工一个吃回头草的机会

中国有句俗话："好马不吃回头草。"现在许多管理者在对待离职员工的态度上也抱有同样的成见。受传统思想的影响，他们认为跳槽员工的"忠诚度"值得怀疑，同时回聘员工在面子上也说不过去。

其实这是一种错误的认识，现代人力资源管理体系中关于"惜才理念"的范畴是很宽泛的。人才跳槽离去是公司的一种损失，人才跳槽之后的经历对他们个人而言是一份宝贵的财富，不同的环境和工作内容进一步锻炼了他们的能力，阅历也随之增加。这样的人才对公司来说远比一个新手重要。

分析数据表明，雇用一个新员工所需支付的招聘、培训费用以及相关的业务耗费，超过了需要支付给该员工的个人薪酬。但是如果这个人原本就熟悉公司现有的业务流程，就能够顺畅地与公司管理层进行沟通，并且无需支付适应职务前的培训费用。

B公司是一家中等规模的广告公司，有员工50人左右，下设业务部、设计部、工程部等部门。由于采取部门经理负责制，并且也没有单设人力资源管理部门，所以总经理康鹏对一般员工的个人情况并不是特别了解，与普通员工之间也很少进行单独谈话。这些员工的雇佣和解聘，一般都是由部门经理操作，总经理只需要在最终决议上签一个名就行了。

自从两年前康鹏任命原总经理助理季晓彬为业务部经理之后，这个部门的人员流动率比原来高了许多，很多业务员做了半年不到就离职了，并且一些元老级的管理者也相继离开了公司，对此康鹏一直有点纳闷，但碍于制度又不好多问。两个月前在一次招标会上，他偶然遇到了不久前刚从公司业务部辞职的一位项目管理者小路，现在小路是另一家大型广告公司的部门经理。

在闲谈中小路告诉康鹏，季晓彬作为总经理助理确实做得很出色，但是要他来主持部门的工作并不合适。他不善于处理与下级的关系，对于业务员费尽千辛万苦争取来的客户，他总想办法据为己有，对犯错的下属也过于苛刻，许多员工都忍受不了这样的上级而最终选择了跳槽。

美国哈尼根公司的总裁曾经说过："如果雇员桌子上一台价值 2000 美元的桌上型计算机不见了，公司一定会对此展开调查。但是如果一位掌握着各种客户关系，年薪十万美元的经理被竞争对手挖走，公司就不会进行调查，员工也不会被叫去问话。"

有许多公司已经意识到他们正在失去一些优秀分子，但他们不知道是哪些人离开了，也不知道他们为什么离开，甚至连他们去了哪里也不知道。对于那些采取分级制度按层次管理的公司来说，许多基层人员的要求及意见，往往在送达高层管理人员之前，便已经被层层消磨扼杀。由于缺乏有效的沟通措施，许多公司一方面不断招人，另一方面大量的人才也在不断流失却不知其因。

其实，那些任职时间超过 3 年的一般管理人员，正是公司的中坚分子。这些人的年龄一般都在 40 岁以下，年富力强，充满活力并且经验丰富，他们默默工作却缺乏高层关注，奖励和升迁的机会也少得可怜。对这些员工来说，适当的沟通和升迁机会是防止他们跳槽的最好办法。因此，要让雇员相信，公司高层管理人员时刻在关注着他们的工作成绩，并非常乐意倾听他们的意见和要求，只要有能力，他们会拥有很好的个人发展机会。

对于离职的员工，企业管理者应尽量与其进行面谈，了解其离职的真正原因。通过谈话可以了解到离职者对公司管理层及职务岗位的一些看法，以根据实际情况对其工作环境和薪资结构进行调整，防止继续发生类似情况。另外，与离职员工好聚好散，也可以尽量避免一个潜在竞争对手的威胁。

小杨是某地一家日报的记者，5 年前大学毕业来到这家报社做见习记者，到现在已经是经济部的业务骨干，几年中他写出了不少有社会影响的报道，省一级的新闻奖拿了好几个。按理说他现在正处在事业发展的上升阶段，然而最近一段时间他却在盘算着跳槽，去省城一家经济报社应聘做记者。

其实小杨这样做也是迫不得已，由于报社至今还在实行多年以前的管理机制，他在外面辛苦跑几天写出来一篇报道，只能拿到 500 百元的补助，并且还是要在完成每月的定额任务的情况下才能拿到。当然报社领导者也有自己的想法，记者们已经拿了工资，到外面跑新闻写报道是分内的事情。

以小杨所在的部门为例，几个年轻记者一天到晚在外面跑，每月平均能够完成二十来篇稿子，然而月收入却还比不上那些一个月只发几篇稿子的老记者，因为他们的职称与工龄的优势，都是这些年轻人无法与之相比的。传统的管理机制，严重束缚了年轻人的工作热情与创新能力。

在许多中小企业主们看来，创业是少数人的事情，对于多数员工来说只要做好自己的本职工作就行了。然而一个优秀的企业员工，是不会甘于在为企业创造大量利润和业绩的同时，却无法满足自身创业欲望的。这种情况长期下去所导致的后果只有两个：自我消沉或者跳槽离职。这两个结果都是企业主所不愿意看到的，在这种背景下，"内部创业"的概念应运而生。

所谓内部创业，是指由一些有创业意向的企业员工发起，在企业的支持下承担企业内部某些业务内容或工作项目，并与企业分享成果的创业模式。这种激励方式不仅可以满足员工的创业欲望，同时也能激发企业内部活力，改善内部分配机制，是一种员工和企业双赢的管理制度。

别"养虎"，养虎只会成祸患

人才是公司发展的基础，企业的发展和成就需要员工来创造。现今企业都提倡以人为本，提倡人性化管理。一般企业的管理制度，都会用合理的激励、赏罚措施去刺激员工的主观能动性，让他们自动自觉地去遵守公司的规章制度，主动去承担自己所应该担负的工作责任。这就要求管理者们必须真心热爱自己的下属，要像家长一样去呵护、帮助下属成长。

在一个企业或组织里，大部分员工都是积极上进的。但偶尔也会有个别品行、道德败坏的员工存在。对这样的员工，若一味姑息，放任自流，任其"作奸犯科"，只会造成无穷祸患。一个家庭中，溺爱之下多会出逆子，同理，一个企业里面，对品行不端的下属过度放纵，不但对其成长没有任何好处，有时甚至会引火烧身，殃及自己。所以，对待屡教不改的下属，管理者绝不能姑息养奸，必须要采取相应的策略，加强管理，使整个团队沿着正确、健康的轨道发展。

某有限公司的总经理，私欲膨胀，在亲自负责销售工作的几年中，不仅大吃回扣，而且为把儿子安排到某单位上班，不惜动用几十万元业务款大送人情。在企业内部，他独断专行，重用亲信，压制打击不同意见者，排挤有水平有能力的干部。企业生产失控，产品卖不出去而积压在仓库之中。这位总经理文过饰非，不仅对外哗众取宠，而且对上说大话、阿谀逢迎、推卸责任以嫁祸于人，在群众中影响极坏。企业几年之内，亏损数千万元之多。

公司人事调整之后，新换了一位董事长。这位董事长大学毕业，为人仁厚，也有水平和能力。由于在该公司中，那位总经理管了多年生产技术，而别人都不如他的资历长，所以董事会仍然用他担任公司总经理。

一开始，总经理热情积极，工作也着实抓了一些，也很讨董事长欢心。

但由于要改变公司经营状况，势必要涉及过去的遗留问题。因此，可以推想，管理工作是难于理顺的。而且总经理本性难改，旧的思想意识和工作作风很快又在经营管理活动中体现出来了。

董事长勤于公司事务，当然很快就有所觉察。但他只是采取私下交换意见的方式，同总经理讨论分析。这样帮助的结果，他又觉得总经理的作为可以理解，而别人对总经理的不满意见是极有成见的反映。于是，就开始了长达几个月的会上和会下的协调。但是，公司经营却不见起色。注入的几千万元资金快用光了，生产和市场状况未见实质性的好转。

董事长在上任之前，曾专门请了一位顾问。按这位顾问的计划，首先确立公司新的发展战略；随后培训管理干部，统一思想认识，提高士气，振奋精神；再后，调整机构，健全企业运行机制，完善有关规章制度；最后，即董事长任职后约 6 个月的时候，实质性地调整人事和干部队伍，主要是中上层管理干部。该计划是从企业的历史和现状出发的。

由于总经理的所作所为，董事长上任三个半月后，尽管公司正忙于理顺机制和健全规章制度，可那位顾问沉不住气了，在深入调查研究之后，明确地向董事长建议：换掉总经理。

作为一个企业顾问，提出这样的建议，本身就是慎而又慎的事情。可见事情的严重性。

董事长同意顾问提出的所有问题和所有分析，但就在"换掉总经理"的决断问题上下不了决心。

董事长对顾问说过这样一段很动感情的话："你看他（指总经理）熬了一辈子，好不容易才熬到正处级这个地位上。如果把他撤掉，他这一生就前功尽弃了。这对他是个很大的打击，咱们也不忍心那样去做。你看他都五十八岁了，还有两年就退休了，还是等两年吧，也让他画上一个圆满的句号。"

董事长的这番话，说得何等动人。他的心真的太仁慈了！

然而，由于企业经营迅速滑坡而不见起色，董事长被母公司撤掉了，为此他也失去了在母公司上层领导眼里的地位。

奇怪但又不奇怪的是，在董事长受到母公司上层批评的过程中，那位总经理上蹿下跳，大说董事长的坏话，把一切责任全推到倒霉的董事长身上。

当然，那位心术不正的总经理，也没有能逃脱失落的命运。在离他退休还有一年半时，也灰溜溜地被换掉了。

上述案例表明，判断虽然是果断的起点，但判断正确仍然取代不了决断的英明。这里一个很重要的问题，就是管理者的心理状态和观念。那位董事长有判断力，但由于宽仁之心在作怪，该采取行动的时候却犹豫不决，以致姑息养奸，养虎遗患。

毋庸置疑，多数领导者都希望自己的下属能够个个出色，都希望下属能够有好的发展，对于下属采取相应的惩戒措施，实属无奈之举。其实，对于领导者而言，惩罚并不是最好的解决办法，高明的管理者会将错误熄灭在初始阶段。这就要求我们：

1. 及时批评，防微杜渐。管理者应当认识到，批评也是对下属的一种关心，如果下属犯了错，依旧听之任之，日积月累，下属就会在错误的道路上越走越远，而更高领导也会追究你的监管责任。所以，管理者在平时应多与下属沟通，多注意观察下属的一举一动，一旦发现下属有犯错的苗头，就及时将其熄灭，一旦发现下属犯下错误，就及时批评，以免错误扩大化。

2. 讲究方式，对事不对人。毋庸置疑，批评倘若使用不当，势必会产生副作用——激起下属的逆反心理，造成上下级关系紧张。所以，管理者在纠正下属错误之时，一定要尽量照顾下属的自尊心，批评时请务必秉持对事不对人的原则。

不可否认的是，管理者需要具备宽容的特质，但宽容并不等于纵容。对下属错误的纵容，往往会令管理者自食其果，这是管理工作中铁的教训。现代企业之所以一再强调"以人为本"，主要是为了在"人才竞争"中胜出，是故对于"人才"，管理者多是比较优待的。他们能够设身处地的为"人才"着想，尊重他们的人格，体察他们的性情，给他们尽情发挥能力的空间，这些是所有管理者都值得借鉴和学习的。

但这绝不意味着，重视人才就要以情感代替原则，以理解来抵制制度，此举只能在下属犯错的道路上起到推波助澜的作用。

管理者应该认识到，姑息养奸非但不能让下属受到感化，服服帖帖地接受管理，反而会让自己威信尽失、颜面扫地！

如有害群之马，一定要带上缰绳

什么时候、什么单位都有少数的"逆反"式员工，他们不服从管理、我行我素，有的还以敢与领导对抗而自鸣得意。对这样的人，管人者要敢下狠手，必要时当机立断、严惩不贷。

日本伊藤洋货行的总经理岸信一雄是个经营奇才，但他居功自傲，不守纪律，屡教不改，董事长伊藤雅俊最终下决心将其解雇，以一儆百，维护了企业的秩序和纪律。

战功赫赫的岸信一雄突然被解雇，在日本商界引起了不小的震动，舆论界也以轻蔑尖刻的口气批评伊藤。

人们都为岸信一雄打抱不平，指责伊藤过河拆桥，将三顾茅庐请来的岸信一雄给解雇，是因为他的东西给全部榨光了，已没有利用价值了。

在舆论的猛烈攻击下，伊藤雅俊却理直气壮地反驳道："秩序和纪律是我的企业的生命，也是我管理下属的法宝，不守纪律的人一定要从重处理，不管他是什么人，为企业做过多大贡献，即使会因此减低战斗力也在所不惜。"

岸信一雄是由"东食公司"跳槽到伊藤洋货行的。伊藤洋货行以从事衣料买卖起家，所以食品部门比较弱，因此伊藤才会从"东食公司"挖来一雄，"东食"是三井企业的食品公司，一雄对食品业的经营有比较丰富的经验和能力、有干劲的一雄来到伊藤洋货行，宛如给伊藤洋货行注入了一剂催化剂。

事实上，一雄的表现也相当好，贡献很大，十年间将业绩提高数十倍，使得伊藤洋货行的食品部门呈现出一片蓬勃的景象。

从一开始，伊藤和一雄在工作态度和对经营销售方面的观念即呈现出极大的不同，随着岁月增加，裂痕愈来愈深。一雄非常重视对外开拓，常多用交际费，对下属也放任自流，这和伊藤的管理方式迥然不同。

伊藤是走传统保守的路线，一切以顾客为先，不太与批发商、零售商们交际、应酬，对下属的要求十分严格，要彻底发挥他们的能力，以严密的组织作为经营的基础。伊藤当然无法接受一雄的豪迈粗犷的做法，伊藤因此要求一雄改善工作方法，按照伊藤洋货行的经营方式去做。

但是一雄根本不加以理会，依然按照自己的方法去做，而且业绩依然达到了水准以上，甚至于有飞跃性的成长。充满自信的一雄，就更不肯修正自己的做法了。他居然还明目张胆地说："一切都这么好，说明这路线没错，为什么要改？"

为此，双方意见的分歧愈来愈严重，终于到了不可收拾的地步，伊藤看出一雄不会与他合作，于是干脆痛下杀手把他解雇了。

对于最重视纪律、秩序的伊藤而言，食品部门的业绩固然持续上升，但是他却无法容许"治外权"如此持续下去，因为这样会毁掉过去辛苦建立的企业体制和经营基础，也无法面对手下的众多下属。

为此，管人者对害群之马的管理要坚决，不能拖泥带水，必要时不妨采取威迫术。

现代人的反抗心理非常强，不服从权威的情绪很高涨，因此，只要具有现代化素质的人，就很难让其产生恐惧心理，反而会刺激他们的反抗意识。特别是在年轻的下属身上可以看出，用法不当，有时反而会被他们威迫你，以致局面无法收拾。威迫的手段虽然很少用，但是到了迫不得已的时候，必须彻底消除对方的抵抗意志，否则不会有什么效果。因此，运用此法时要按照以下绝招履行：

1. 明确威胁手段的缺点。

威胁手段的缺点就在于能积累不安与不满，无法发泄的不安与不满的感觉不断累积，终于形成无法控制的力量，而爆发出来，事态致此将无法收拾。

2. 以平时稳妥统御为主。

这种威胁手段说到底是一种权宜之计，是迫不得已时才采用的应付危机的手段，因此平时则要用良性的统御方式，尽量减少危机的积累以及最后爆发。

3. 采取威胁手段之后，立刻采用应对的政策和手段。

总之，威迫也好、严惩也好，要采取适当的手段让害群之马不要抱有侥幸心理，从而把整个局面纳入到正确的管理轨道上来。

对冥顽不灵的人，不妨杀鸡给猴看

古人云："劝一伯夷，而千万人立清风矣。"同样的道理，对众多不听话的下属，你不可能全部惩罚，抓住一个典型，开一开杀戒必可使千万人为之警觉畏惧，这就是"惩一儆百"之所以有效的道理所在。

《左传》中记载了孙武训练宫女的事情。孙武见吴王阖闾时，与他谈论带兵打仗之事，说得头头是道。吴王心想，光纸上谈兵管什么用，我要看看他实际本事如何。吴王便交给孙武一个任务，让孙武替他训练姬妃宫女。孙武接下了任务。

他从宫中挑选出一百名宫女，让吴王的两个宠妃担任队长。他将列队操练的要领讲得清清楚楚，要求宫女们照做。然而等正式操练时，这些一向娇生惯养的女人笑作一堆，乱作一团，谁也不听他的。孙武再次讲解了要领，并要两个队长以身作则。但他一喊口令，宫女们照旧满不在乎，两个当队长的宠妃更是笑弯了腰。

孙武发作了，严厉地说："这里是演武场，不是王宫。你们现在是军人，不是宫女。我的口令就是军令，不是玩笑。你们不按口令训练，两个队长带头不听指挥，这就是公然违反军法，理当斩首！"说完，叫手下将两个宠妃当众斩首。

场上顿时一片肃静，宫女们吓得谁也不敢再出声。当孙武再喊口令时，她们步调整齐，动作规范，最后成了训练有素的军人。

在实际管理工作中，管理者也时常会遇到这样的情况：纪律涣散，人心浮躁，团队没有战斗力，就像一盘散沙。管理者要对这样的部门进行治理，就必须具备铁腕，拿出果敢的精神，对为首者加以严惩，而且事不宜迟，越快越好。倘若在这种情况下还瞻前顾后，害怕得罪人，避免面对人事冲突，任由局势继续恶化，最后还是难辞其咎，根本就不可能两全其美。假如管理者在这种情况下姑息养奸，只能说明他缺乏魄力，是一位不称职的管理者。

当然，若对下属都不听话的，管理者也不可能全部惩罚，而应因人而异。还有一句话叫做"法不责众"，而且打击面太大不是什么好事。此时，抓住一个典型开一开杀戒，就可以使众人为之警觉畏惧。

比如，若某个部门效率不高、业绩不好，如果批评整个部门，那么其中勤勉工作的人就会心生不满，从而丧失工作热情。同样地，大家也有可能认为每个人都没有错。而只惩戒严重过失者，可使其他成员心想："幸亏我没有做错，"进而约束自己尽量不犯错误。所以，为了整顿部门内部涣散的士气，有时不妨刻意制造一点紧张的气氛，大胆运用"抓典型"策略。这是一个非常有用的震慑手段，也是一种有效的管人权谋。

在任何团体中，皆有扮演"典型"角色的人存在。这个角色绝非每个人皆能胜任，必须选出一位个性适合的人。他的个性要开朗乐观、不钻牛角尖，并且不会因为一点琐事而意志动摇，如此方能用于此项"任务"。

管理者应避免选用容易陷于悲观情绪，或者太过于神经质的人。若错误地选择了此种类型的下属，往后将带给你更多的困扰。

在惩治捣乱分子时，可采取以下几个办法：

1. 严惩为首作害者。如果某个部门已经暴露出了无序的苗头，管理者就应该注意观察，找出其中的核心任务，抓住其以身试法者，并从速从严予以处置。这样做有两个好处，第一，第一位只有一个人，容易处置；第二，第一位胆量大，影响坏，若不及时处理，便会有效仿者紧随其后。处理第一位能够起到杀一儆百的作用。

2. 对作乱行为严重者酌情对待。如果同时碰到好几位违纪违规者，应当缩小打击面，重点惩处情节严重、性质恶劣、影响最坏者。其他的给予适当的批评教育就行。如果不加选择，一律照打，第一，由于打击面过宽，达不到"警"的目的；第二，会影响工作；第三，树敌太多，影响你的威信。只有有选择的重点打击，才能切实收到效果。

3. 惩处资历老的员工或干部人物。老员工或肩负重任的干部权威大，影响力大，先惩处他们，能对其他追随者起到震慑作用，更能对普通职员起到警告作用。有实绩的人或部门主管都被惩处、指责，其他职员能不感到紧张而加倍努力工作吗？

4. 惩处注意适度，照顾被惩处者的情绪，要使对方心服口服。惩罚虽然是无情的，但管理者在使用这一手段时，也要考虑到对方的情绪。应当注意：第一，惩处方式不能过于偏激，要留有余地，能被对方接受；第二，惩处要有理有据，根据纪律规定、制度来执行，使被惩处者心服口服，无话可说。

5.惩处要恩威并用，"抓典型"只是管理上的一种手段，但不是唯一的手段，它不是以打击报复为目的的。所以，还须辅之以"恩"的手段，软硬兼施。这样，能使被惩处者在被"杀"的同时，又感受到了一些关爱。对管理者而言，铁腕政策得到了实施，又笼络了人心，还树立起了一个可畏可敬的形象。

6.要注意频率和次数，此法不能用得太多、太频繁。否则，会引起下属们对你的不满，甚至认为你只会处罚人、挑别人毛病，缺乏管理能力，从而从内心里看不起你，影响管理者的形象和权威。